JN025300

経済学で考える
社会保障制度

第2版

安岡匡也 [著]
Yasuoka Masaya

Social
Security

中央経済社

第2版はしがき

　初版を2017年1月に発行してから3年半，第2版の作成の話を頂いた。本書を手に取ったみなさまに感謝申し上げたい。第2版の作成にあたり，改めて初版テキストを読み返し，適宜修正を行った。まずは，分かりやすい記述を心掛けた。私自身が言うのもなんだが，分かりにくい記述の箇所があり，その記述を読んでも具体的に頭の中に入ってこない。そういう事が無いように，分かりにくい記述，形式ばった記述の部分についてはできるだけかみ砕いた言葉に置き換えるようにした。そして次は，演習問題において，考える問題を入れたことだ。社会保障制度はこうあるべきだということが盛んに世の中では主張されているが，しかしどれが答えかはまだ明確には決まっていない。ただ，そういう問題に対して考えることは，社会保障制度の知識が生きた知識として自ら体得できる非常に良い機会ではないかと考えられる。なお，新たに取り入れた演習問題における考える問題はゼミなどの授業のディスカッションにも使えるようにも意識した。

　なお，第2版においても，社会保障制度の全体像をつかんでもらうために，基本的な仕組みを中心に説明を行い，例外的な規則などについては説明を省いている。さらなる学習を進めたい場合は，巻末に参考文献のリストを表示しているのでそこを入り口に学習していただければと思う。

　本書は，社会保障制度の各論として，「公的年金制度」（第2章～第4章），で「公的医療保険制度」（第5章～第7章），「公的介護保険制度」（第8章と第9章），「生活保護制度」（第10章と第11章），「雇用に関する社会保障」（第12章），「育児支援政策」（第13章～第15章），「障害者福祉政策」（第16章）を設け，それぞれ制度に関する説明と制度に存在する問題点について説明を行う。第2章～第16章の内容で社会保障制度の基本的な仕組みについて理解できるように心がけた。さらに本書では所得格差について説明するために第17章「所得格差の指標」を設けて説明を行っている。社会保障制度は所得再分配の側面を持つために所得格差の指標などについての説明を行った方がより理解が深まると考

えて内容を付加している。第18章「財源調達の経済分析」は社会保障制度の話とは一見，関係がないように思われる。しかし，少子高齢化が進み，社会保障制度の持続可能性のために財源を考えることは非常に重要である。財源調達の方法では税や社会保険料があるが，税にしても所得税や消費税など様々である。そのような様々な財源調達手段がある中でどのような手段が望ましいのかを考えるためには財源調達が経済活動にどのような影響を与えるかを知る必要があると考え，この章も付加している。

　また分野ごとに演習問題も用意した。演習問題を解くことでさらに理解を深めることができるだろう。所々数式による説明はあるものの，できるだけ直感的な説明を行い，数式を読み飛ばしても理解ができるようには心掛けた。本書により多くの方が社会保障制度に関心を持ってくれれば大変ありがたい。

　本書1冊で30コマの社会保障制度の授業を行える内容で作成している。例えば前期の15コマの授業では，制度の説明を中心に行うこととし，第1章で1コマ，第2・3章の年金を3コマ，第5・6章の医療を2コマ，第8・9章の介護を2コマ，第10章の生活保護を2コマ，第12章の雇用に関する社会保障を1コマ，第13・14章の育児支援政策を1コマ，第16章の障害者福祉政策を1コマ，問題演習を1コマ，まとめの講義を1コマという順番で15コマ行う。後期の15コマの授業では，経済学の観点から説明を行うこととし，前期のまとめで1コマ，第18章の財源調達の経済分析を3コマ，第17章の所得格差の指標を2コマ，第4章の年金を2コマ，第7章の医療を2コマ，第11章の生活保護を1コマ，第15章の育児支援政策を1コマ，問題演習で2コマ，後期のまとめで1コマという順番で15コマ行う。これはあくまで一例である。また，制度・政策ごとに内容は独立しているので，興味ある制度・政策から学習に取り組めるようになっている。

　この場を借りて，謝辞を申し上げたい。足立英之先生，中谷武先生，中村保先生からは経済理論に関する細かな指導を受けることができた。また，筆者が社会保障論に興味を持ったきっかけは小塩隆士先生のおかげである。社会保障の経済分析の面白さを知り，研究を進めるきっかけとなった。先生方のご指導がなければ現在の仕事にはついていないだろうし，この本を書くことができなかった。この場を借りてお礼を申し上げたい。もちろん，まだまだ経済学者と

しては未熟であり，勉強の日々である。

　また，中央経済社の浜田匡氏にもお礼を申し上げたい。浜田氏の適切なアドバイスの下で本書を作成することができた。また，執筆が遅れたにもかかわらず気長に待って頂いたこともここでお詫び申し上げたい。また，筆者のつたない文章は校正の方によって適切な文章となった。多大な労力と時間をお掛けしたかと思う。この場を借りてお礼申し上げたい。

　最後に，この場を借りて，友人，同僚，そして家族にも感謝申し上げたい。本書の原稿は章ごとの完成の度に，妻の真理奈にチェックしてもらった。真理奈の適切なアドバイスのおかげでより良い本になったことと思う。真理奈にも感謝申し上げたい。

2021年 2 月

西宮にて

目　　次

(第4章)│公的年金制度の経済分析
——公的年金制度③ ··33

(第5章)│公的医療保険制度の基本的な仕組み
——公的医療保険制度① ···································43

第18章 │ 財源調達の経済分析
──財源調達のあり方を考える基準 ·················· 193

第 **1** 章

社会保障制度とは
——本書で学ぶこと

本章の目的

　小塩（2013）によれば，社会保障制度とは，①公的扶助（貧困に陥った者に対して政府が憲法で保障されている健康で文化的な最低限度の生活を保障），②社会保険（公的医療保険などのように保険料を支払うことによって給付を受けることができる仕組み），③社会福祉（障害者や児童，老齢者，子育て世帯等など社会的に援護が必要な者に必要な公共サービスを提供），④公衆衛生（国民の健康を維持増進）の4つの柱で成り立っている。社会保障制度とは具体的にどのような仕組みなのか，またどのように運営されているのであろうか。

1　社会保障制度の役割

　社会保障制度とは何か。それを考えるために日々の生活について考えてみたい。例えば，生活費はどのように稼ぐのであろうか。高校や大学などの教育機関を卒業した後，社会人となり働いて収入を得るのが一般的であろう。働いて収入を得ることで生活を送るための費用を賄うことができれば良いが，いつでも働くことで収入が得られるとは限らない。例えば，年をとって働けなくなってしまった場合は働いて収入を得ることが難しい。また，一家の大黒柱が病気やけがで亡くなってしまった場合，障害を負ってしまい働くことができなくなった場合も考えられる。このような場合には公的年金制度による給付を受けることができる。

　私たちは，時々かぜをひくなど体調を崩すことがある。かぜは万病の元なのであなどることはできないが，多くの場合は数日のうちに治り，そのための薬代もあまりかからないことが多い。しかし，場合によっては重い病気にかかる

など治療費が多くかかる場合がある。また高齢者は医療にかかる機会が多い。医療サービスを受けるためにはお金が必要であるが，治療にお金がかかり医療を受けられないことがないように低い自己負担で医療を受けられる公的医療保険の仕組みがある。

　日本は現在少子高齢化が進んでおり，平均寿命も長くなっている。自立した生活を続けて天寿を全うすることは難しく，けがや病気により寝たきり生活になったり，認知症になったりなどによって独りで自立した生活を送るのが難しい場合は，誰かによる介護が必要となる。家族による介護が行われる場合もあるが，同居家族がいない，または同居家族がいるのだが仕事などの都合で家族介護ができない場合は，外部の介護サービスを利用することとなる。その費用の支払いができないことにより外部の介護サービスを利用することができず，生活が送れないことがないように，介護保険制度があり，そのおかげで低い自己負担で利用することが可能である。以上の話をまとめると，**図表1－1**のように社会保障制度のおかげで安心した生活を送ることができることが分かる。

　公的年金制度や雇用保険制度による所得保障の仕組みはあるもののこれらは保険料方式をとっており，被保険者期間あるいは受給資格期間が一定期間以上なければ給付を受け取ることができない仕組みとなっている。または受け取ることができても少額しか受け取ることができず，生活に困窮してしまう場合が

図表1－1　**様々な社会保障制度**

病気になってしまった。医療費がいっぱいかかってしまう。	公的医療保険制度があるので	自己負担が安く済み，安心して医療が受けられる。
年をとってしまい働けない。働けないから生活できない。	公的年金制度があるので	年金給付を受けて生活できる。
仕事をしていたけれど，会社が倒産して，職を失った。	雇用保険制度があるので	失業の際の給付で，安心して生活し，職を探せる。
寝たきりになってしまい，介護サービスに多額の費用が必要。	介護保険制度があるので	自己負担が安く済み，安心して介護が受けられる。
年金も失業給付ももらえず，生活に困ってしまう。	生活保護制度があるので	健康で文化的な最低限度の生活が送れる。

ある。そうならないように，他の社会保障制度の利用によってもなお生活の困窮から抜け出せない時に最後のセーフティーネットと言われる生活保護制度がある。

　以上，具体的な社会保障制度の役割について説明したが，まとめると，社会保障制度とは何なのか。小塩（2013）や駒村・丸山・齋藤・永井（2012）を参考に説明したい。

　社会保障制度は何かの拍子に貧困に転落したり，病気になったりして自らの収入で生活するのが難しくなるような事態を防ぐセーフティーネットの役割を持っている。

　また，公的医療保険制度などを例に見ると，みんなで少額の保険料を出し合うことによって病気になった者の給付を賄うことができる。この給付のおかげで個人の医療費の支払いを少なくできる。もし，保険がなければ個人は病気により多くの医療費を支払わなければならず，たった1回の病気で貧困に転落することになりかねない[1]。そのような大きなリスクを保険によって小さくすることができる。万が一，病気になったとしても給付のおかげで本人の医療費負担を軽くすることができ，1回の病気で貧困に転落することを防いでいる。このように社会保障制度はリスク分散という役割を持っている。

　このようなセーフティーネットやリスク分散の役割を担う社会保障制度は所得再分配の性質を帯びていると考えられる。例を挙げると公的年金は現役世代が支払う保険料収入が老年世代に対する年金として給付されている。言い換えると，公的年金を通じて現役世代から老年世代への所得移転が行われている。

　所得再分配は社会全体にとっても行われるべきである。例えば，世帯所得の事情で教育費を負担できず子どもに十分な学力をつけさせることができない場合，教育を十分に受けた子どもと比べると就業機会などを通じて賃金の格差が発生するだろう。となると，貧困は子ども世代へも連鎖することとなる。新たな貧困をもたらさないためにも所得再分配は必要である。それにより社会の安定がもたらされると考えられる。

　まとめると，社会保障制度は①セーフティーネット，②リスク分散，③所得再分配，④社会の安定をもたらすものと言える。

2 保険料か税か

　日本の社会保障制度は保険料方式と税方式の両方がとられている。例えば，公的年金制度や医療保険制度などは，保険料を徴収し，年金や医療費の支払いが必要な者に給付が行われる社会保険方式がとられている。また，年をとったときにもらえる老齢年金は，月々の保険料や保険料納付期間によって給付額が決まる。保険料を納めなかった場合は公的年金や公的医療保険による給付は原則としてない。この保険料方式は，保険料を納めた者に限定して給付を行う仕組みであると言える。

　一方で社会保険方式ではない給付としては，生活保護制度による給付がある。この生活保護制度による給付は公的扶助とも呼ばれているものであり，税方式，すなわち，税財源によって給付が行われる。しかし，生活保護制度では誰でも最低生活を送るのに必要な収入が得られない者に対して給付を行うものではなく，給付を行うことが適切かどうかの判断を経て給付が決まる。具体的には，他に利用可能な社会保障制度がないか，資産などがないか，扶養できる家族がいないかなど，資力調査した上で給付を受けることができるかどうかが決まる。上記をまとめると，保険料方式は所得水準などとは関係なく給付が行われるものの，税方式の場合は，給付対象を所得水準などで絞っていることが多いことが分かる。

　また，児童手当や児童扶養手当は税などで賄われており，保険料方式では運営されていない。いずれも一定の年齢の子どもがいることによって給付を受けられるものであるが，所得によっては給付が削減されることとなる。

3 現金給付か現物給付か

　公的年金の給付は現金で行われている。これは現金の給付を受けることによりその受給者にとって生活に必要なものを購入することができるため，現金給付の方が望ましい。一方，公的医療保険の給付は現物で行われている。医療サービスを受けることによって，低い自己負担分のみの医療費を支払えば良い。

しかし，もし，現金で必要な医療費を給付した場合，それを医療に使えばよいが，受け取った本人がそのお金を医療に使わない場合，本来の給付目的を達成できない。従ってこの場合は，現金給付ではない方が望ましいこととなる。

4　社会保障制度の持続可能性

　日本の社会保障制度を維持していくためには当然，財源が必要であるが，この財源については懸念がある。**図表1－2**を見ると，社会保障給付費は急上昇している。これは，高齢化の進行が原因である。**図表1－3**で示されているように，日本は少子高齢化により，高齢者人口が増え続けており，世界で最も高い高齢化率（高齢化率とは全人口の占める65歳以上の人口の比率）の水準となっている。一方で，合計特殊出生率（女性が一生の間に産む子どもの数）は，近年はわずかに上昇傾向が見られるものの，低水準で推移している。

　子どもの数が少ないということは将来の労働力人口が少ないということを意味する。日本の社会保障制度は税であれ社会保険料であれ，主に現役世代から財源を徴収している。一方で社会保障給付は老年世代が多くなることによって多くかかる。少子高齢化問題は社会保障制度の財源の観点から見た持続可能性の問題に直結する。この少子高齢化問題の中でどのような社会保障制度改革が望ましいのか。それを考えるためには日本の社会保障制度の仕組みについて知る必要があろう。そして，その上で，持続可能性の観点からどのような制度改

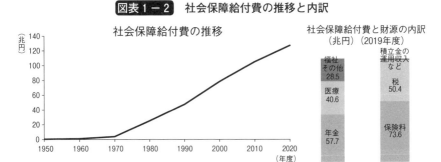

図表1－2　社会保障給付費の推移と内訳

社会保障給付費の推移

社会保障給付費と財源の内訳
（兆円）（2019年度）

（兆円）
140
120
100
80
60
40
20
0
1950　1960　1970　1980　1990　2000　2010　2020
（年度）

福祉その他 28.5
医療 40.6
年金 57.7

積立金の運用収入など
税 50.4
保険料 73.6

（出所）厚生労働省「社会保障給付費の推移」「社会保障の給付と負担の現状（2020年度予算ベース）」より著者作成。

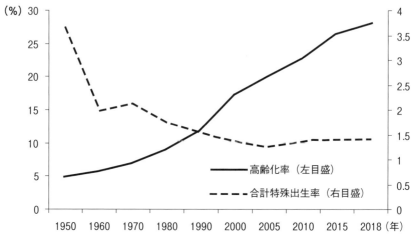

図表 1 − 3 高齢化率と合計特殊出生率の推移

（出所）内閣府『令和元年版高齢社会白書』，厚生労働省「人口動態統計」より著者作成。

革が望ましいのかを考えることができるようになると思われる。

■注

1）アメリカでは国民皆保険の公的医療保険がないため，１回の病気で医療費が多くかかり
貧困に転落する可能性があることがマイケル・ムーア監督による"SiCKO"という映画で
示されている。

公的年金制度の基本的な仕組み
——公的年金制度①

> **本章の目的**
>
> 　公的年金制度とは年をとって働けなくなった場合，障害状態になった場合，または一家の稼ぎ手が亡くなった場合に国が年金を支給することで，貧困に転落するのを防ぎ，その人および家族の生活を守ることを目的としている社会保障制度の1つである。具体的に公的年金制度はどのような仕組みになっているのだろうか。

1　公的年金とは何か

　日本における公的年金制度は①保険方式，②世代間扶養の特徴がある。保険方式とは，公的年金に加入している人や会社からの保険料を徴収し，それを主な財源として，給付要件に該当した人に支払うという方式である。そして，老齢年金をもらう人の原資を若い現役世代の人たちの保険料で賄う世代間扶養の仕組みがとられている。

図表2－1　年金制度の仕組み

確定拠出年金(個人型)		確定拠出年金(企業型) 厚生年金基金など	3階部分
国民年金 基金	iDeCo	厚生年金（サラリーマン 3981万人， 公務員など448万人）	2階部分
国民年金（基礎年金）(6746万人)			1階部分

（出所）厚生労働省「公的年金制度の概要」より著者作成，数値は2019年3月末。

　図表2-1で示されるように，公的年金制度は2階（3階）の構造となっている。公的年金には具体的に①国民年金，②厚生年金がある。公的年金とは，国が法律に基づき管理運営するものであり，国民が加入を自ら選択することはできない強制加入である。国民年金とは全国民が加入する基礎年金と言われている部分である。厚生年金とは，サラリーマンなどの会社勤めの者や公務員が加入する年金である。サラリーマンであれば，国民年金に加えて厚生年金の給付ももらうことができる。

　さらに，公的年金に加えて，確定拠出年金などに加入している場合は，その年金も加えて受給することができる。例えば，確定拠出年金は，資産を運用する会社と契約して毎月の保険料を支払い，自分で運用方法を決めることができる。運用の方法によっては給付額を増やすこともできるが，逆の場合も当然ある。このような公的年金に加えて追加給付の部分は3階部分や私的年金と言われ，これに含まれるものとしては，厚生年金基金，確定給付年金などがある[1]。

2　国民年金の被保険者

　公的年金の1階部分に当たる国民年金（基礎年金）については3種類の被保険者区分がある。以下，それぞれの被保険者について説明したい。

2.1　被保険者の種類

①　第1号被保険者（1471万人[2]）

　20歳以上60歳未満の農林漁業，自営業者，学生などが対象である。保険料は定額で月額16540円（2020年度）である。

　国民年金は20歳になればすべての者が60歳になるまで加入する仕組みの年金制度である。学生であっても20歳になれば国民年金の第1号被保険者として保険料の納付義務が発生する。しかし，在学中の保険料は学生納付特例制度を利用することによって猶予を受けることができる。また，50歳未満で学生以外の場合は納付猶予制度を利用することで保険料の納付の猶予を受けることができる。これらの猶予期間は受給資格期間として含まれるものの，猶予により支払わなかった場合は受給額が減額されることとなる。しかし，10年以内であれば

追納することが可能であり，受給額を減らさずに済む。

　学生や若年世代でなくても，一定の所得以下の場合は年金保険料については全額免除または一部免除の仕組みを利用して保険料負担の免除を受けることができる。

②　第 2 号被保険者（4428万人）

　会社員や公務員などの被用者で厚生年金保険に加入している者が対象となり，保険料は報酬額に比例して支払う。保険料率は18.3%（2020年度 9 月）である。

　会社員や公務員は第 2 号被保険者として国民年金にも加入し，厚生年金保険にも加入する。厚生年金の保険料の中に国民年金の保険料も含まれる形で徴収される。保険料は毎月の給与と賞与に共通の保険料率を掛けて計算される。給与とは被保険者が受け取る給与（残業手当や通勤手当なども含む）で，一定の幅で区分した標準月額に当てはめて決定した標準報酬月額を用いる。従って，毎月の保険料額は，

　「毎月の保険料額＝標準報酬月額×保険料率」

で求められる[3]。

　賞与については標準賞与額（実際の税引き前の賞与の額から1000円未満の端数を切り捨てたもの）を基準に保険料額が決まる。なお，標準賞与額は150万円が上限である。保険料額は，

　「賞与の保険料額＝標準賞与額×保険料率」

で求められる。また，保険料は労使折半となっている。

③　第 3 号被保険者（847万人）

　20歳以上60歳未満の第 2 号被保険者に扶養されている配偶者が対象となり，被保険者本人は保険料を負担せず，制度が負担する。

　第 2 号被保険者に扶養される20歳以上60歳未満の配偶者は第 3 号被保険者となる。ただし，年収130万円未満の条件を満たす必要がある。本人は保険料を負担する必要はなく，制度によって保険料負担が行われる。

2.2 被保険者の保険料負担

　保険料負担について第1号被保険者は定額であるものの，第2号被保険者は定率である。また，標準報酬月額には上限がある。これらについては公平性の観点から問題があることが指摘されている。第1号被保険者の保険料は定額なので，所得に対する保険料の大きさは所得が多くなるに従って小さくなる。すなわち，逆進的である。また，標準報酬月額に上限があるために，高所得者にとっては所得に対する保険料の大ききさは小さくなるのでやはり逆進的である。低所得者ほど負担が大きくなる逆進性の問題がある。

　保険料負担の不公平については他にもある。例えば，第2号被保険者の被扶養者である年収が一定以下の配偶者は第3号被保険者として国民年金に加入し，本人への保険料負担は発生しない。しかし，第1号被保険者の配偶者の場合，その配偶者は第1号被保険者として本人に対して保険料の負担が発生する。

　また，会社に勤めている場合でも本人の就業形態によって第2号被保険者とならない場合がある。原則として，正社員，パートなど就業形態にかかわらず，被用者は第2号被保険者となる。しかしながら，パートやアルバイトなどについては，正社員とたいして変わらずに働く場合でなければ第2号被保険者とはならない。目安として正社員の4分の3以上の労働を行っていれば，正社員と変わらずに働いているとし，第2号被保険者として加入しなければならない。本人がどの被保険者区分になるかは重要である。第2号被保険者であれば保険料は労使折半となり企業による保険料負担があるだけでなく，その配偶者は第3号被保険者として保険料を本人が負担しなくても良いからである。

　保険料負担の額については，毎年引き上げられている。これは2004年の年金改革で決定されたことであり，厚生年金の保険料率は2004年10月から0.354％ずつ引き上げ，2017年以降は18.3％とし，この水準まで引き上げる。国民年金の保険料は2005年度から毎年280円ずつ引き上げ，2017年度以降は16900円（2004年度価格）とし，この水準まで引き上げる。

　なお，この年金保険料については，所得税において所得控除の対象となる。所得税の計算において社会保険料の支払い分だけ課税所得から社会保険料控除として控除できるので，所得税の負担は軽くなる。

3　老齢基礎年金の受給

　年金をもらうためには受給資格期間が必要である。年をとった際に，国民年金からの給付となる老齢基礎年金の受給要件は，
「①加入期間＋②年齢＋③生存している」という条件が必要である。

　受給資格期間の内訳は**図表2−2**で示されるように様々である。①受給資格期間（加入期間）については，原則10年必要である。仮に20歳から60歳になるまで保険料を納め続けた場合，加入期間は40年となる。しかし，この間に保険料を納付しなかった場合，その分だけ加入期間は少なくなる。仮に5年保険料を払ったが，35年保険料を払っていない場合は，加入期間は5年となり10年に満たず受給資格を得ることができない。しかし，学生納付特例制度など保険料の猶予・免除制度を利用して保険料を払わない場合の期間については加入期間に含まれる。

　なお，加入期間については合算対象期間も含められる。合算対象期間とは基礎年金の受給額には反映しないが，受給資格期間には加えるものであり，サラリーマンの配偶者で国民年金に任意加入できた期間であったが任意加入しなかった期間が例として挙げられる。現在は第3号被保険者制度の仕組みがあるが，以前は任意加入であり，加入していないことによって受給権がなくなるこ

図表2−2　**受給資格期間**

受給資格期間をどう満たすか？		
保険料納付済期間		
学生納付特例期間	保険料免除期間	保険料納付済期間
保険料納付済期間	保険料免除期間	合算対象期間

（出所）中尾・中尾（2012）より著者作成。

とに配慮しこのような仕組みがある。

国民年金は60歳になるまでの加入なので，60歳になった段階で受給資格期間が10年に達していない場合は年金の受給権を得ることができない。しかし，60歳を過ぎても国民年金に加入できる任意加入の仕組みがある。受給資格期間が足りないために任意加入するのであれば70歳まで加入ができる。また，後述するように，保険料納付などの期間を増やすことによって年金額を増やす目的の場合の任意加入も65歳まで認められている。

②年齢については65歳に達することで受給資格を得る。また，③生存していなければ老齢基礎年金を受給することはできない。

老齢基礎年金の受給額は**図表2－3**のように示される。40年間，欠かさず保険料を払い続けた場合は，年間で満額の781700円がもらえる。しかし，保険料を払わなかった場合や保険料の免除を受けていた場合は年金の給付は減額されることとなる。

また老齢基礎年金については繰り上げ支給と繰り下げ支給がある。繰り上げ支給とは，本来，老齢基礎年金は65歳から支給されるが，繰り上げ支給の制度の利用によって，60歳～65歳になるまでの間に年金受給を開始することができる。60歳以降の年齢で1ヶ月単位での繰り上げ支給が可能である。しかし，繰り上げ支給を行った場合は一定の減額率が適用され，それが生涯適用される[4]。繰り下げ支給とは66歳以降に受給開始年齢を遅らせて給付を行うという仕組みである。この場合は，繰り上げ支給とは逆に繰り下げの程度に応じて一定の増額率が掛けられ，年金給付は65歳での開始に比べて多くなり，それが一生続く[5]。

会社員ではないため，国民年金の給付しかもらえない場合，年金給付を増やすための仕組みとしては，付加年金の仕組みがある。国民年金の第1号被保険

図表2－3 老齢基礎年金の計算式

$$781700円 \times \frac{\text{保険料納付済月数} + \text{全額免除月数} \times 1/2 + \text{4分の3免除月数} \times 5/8 + \text{半額免除月数} \times 3/4 + \text{4分の1免除月数} \times 7/8}{\text{40年（加入可能年数）} \times 12月}$$

（出所）日本年金機構「老齢年金ガイド令和2年度版」より著者作成。

者であれば，定額の保険料に加えて付加保険料（月額400円）を支払うことによって，付加年金として「200円×付加保険料納付月数」分をもらうことができる。

　また，厚生年金のように国民年金に加えて加入する年金としては，国民年金基金というものがある。国民年金基金には都道府県に設立された地域型と職種別に設立された職能型というのがある。年金額や給付の形態は個人で選択することとなる。

4　老齢厚生年金の受給

　厚生年金の被保険者期間があり，老齢基礎年金を受けるのに必要な受給資格期間を満たした者が65歳になった時に，老齢厚生年金が，老齢基礎年金に上乗せする形で支給される。

　しかし，当面は60歳以上の者で，
① 　老齢基礎年金を受け取るための受給資格期間を満たしていること
② 　厚生年金保険の加入期間が1年以上あること
③ 　受給開始年齢に達していること
の3つの条件を満たしている場合は65歳になるまでの間，特別支給の老齢厚生年金を受給することができる。これは従来60歳から支給されていた年金を65歳からの支給開始としたことにより，急激に引き上げると大きな影響が出ることを考慮した措置である（**図表2－4**）。

　これにより例えば，男性が昭和22年4月2日〜昭和24年4月1日の間に生ま

図表2－4　特別支給の老齢厚生年金の受給開始年齢

60歳	64歳	65歳		
報酬比例部分		老齢厚生年金	男性	昭和22年4月2日〜昭和24年4月1日生まれ
	定額部分	老齢基礎年金	女性	昭和27年4月2日〜昭和29年4月1日生まれ

	65歳		
	老齢厚生年金	男性	昭和36年4月2日以降生まれ
	老齢基礎年金	女性	昭和41年4月2日以降生まれ

（出所）日本年金機構「老齢年金ガイド令和2年度版」より著者作成。

れ，女性が昭和27年4月2日〜昭和29年4月1日の間に生まれた場合，特別支
給の老齢厚生年金は報酬比例部分が60歳から，定額部分は64歳から受けること
ができる。なお，年齢によってはこの特別支給の老齢厚生年金の受給開始年齢
は遅くなり，男性で昭和36年4月2日以降に，女性で昭和41年4月2日以降に
生まれた場合は，特別支給の老齢厚生年金は給付されず，65歳から老齢厚生年
金と老齢基礎年金が給付される。

5 老齢厚生年金の給付額

　以下，年齢の条件により特別支給の老齢厚生年金がもらえる場合について説
明する。

5.1 65歳未満の老齢厚生年金の額

　特別支給の老齢厚生年金を受給することができる。受給額は次の計算式で与
えられる。

「①報酬比例部分＋②定額部分＋③加給年金」
① 報酬比例部分[6)]　A＋B

　A 平均標準報酬月額[7)] ×生年月日に応じた率 $\left(\dfrac{9.5}{1000}\sim\dfrac{7.125}{1000}\right)$ ×平成15年

　3月までの加入期間の月数

　B 平均標準報酬額[8)] ×生年月日に応じた率 $\left(\dfrac{7.308}{1000}\sim\dfrac{5.481}{1000}\right)$ ×平成15年4

　月以降の加入期間の月数

② 定額部分[9)]

　1630円×生年月日に応じた率（1.000〜1.875）×被保険者期間の月数
③ 加給年金額

　加給年金とは，厚生年金保険と共済組合等の被保険者期間を合わせて20年以
上ある者で一定の条件を満たす場合に支給される。例えば，配偶者が65歳未満
であれば，加給年金額として224900円が支給される。また，子どもがいる場合

も支給される[10]。

5.2　65歳以降の老齢厚生年金の額

　65歳以降の老齢厚生年金の年金額は特別支給の老齢厚生年金の報酬比例部分と同じ計算式であり，老齢基礎年金に上乗せされる形で給付される。

　ただし，特別支給での定額部分から65歳になることで老齢基礎年金に移った場合，当面の間は，定額部分の方が給付額は大きい事から，差額分の年金額を補うための経過的加算額が支給される。

6　障害年金

　老齢年金は年をとって働けなくなった場合に所得保障として給付されるものである。しかし，現役世代でも病気やけがなどで仕事が制限され生活するための所得を得ることができなくなる場合がある。その時に，障害年金を受給することができる。障害年金には国民年金から障害基礎年金，厚生年金から障害厚生年金の給付を受けることができる。

　障害基礎年金の受給条件として次の条件をすべて満たす必要がある。

① 　障害の原因となった病気やけがの初診日が国民年金加入期間または20歳前または日本国内に住んでいる60歳以上65歳未満の者で年金制度に加入していない期間の間にあること

② 　障害の状態が，障害認定日[11]または20歳に達した時に，障害等級表に定める1級，2級に該当していること

③ 　保険料の納付要件を満たしていること

　なお，障害厚生年金の場合は，①の要件は「厚生年金保険の被保険者である間に，障害の原因となった病気やけがの初診日があること」であり，②についての障害等級は1級〜3級であることとされている。

　保険料の納付要件とは，原則として，初診日の前日に，初診日がある月の2ヶ月前までの被保険者期間で，国民年金の保険料納付済期間（厚生年金保険などの被保険者期間）と保険料免除期間を合わせた期間が2/3以上あることである[12]。

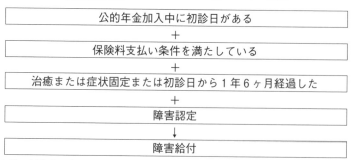

図表2−5 障害年金給付を得るための条件

公的年金加入中に初診日がある

＋

保険料支払い条件を満たしている

＋

治癒または症状固定または初診日から1年6ヶ月経過した

＋

障害認定

↓

障害給付

（出所）中尾・中尾（2012）より著者作成。

　障害年金の給付は障害の程度によっても異なるが，2級の場合，障害基礎年金は781700円，障害厚生年金は老齢厚生年金で示した報酬比例部分となる。なお，子どもの加算額が障害基礎年金に，配偶者の年齢によって配偶者の加給年金が障害厚生年金に加算される。障害等級が1級であれば，上記の額が1.25倍される[13]。

7　遺族年金

　遺族年金とは，一家の働き手が亡くなった場合などで家族が貧困に窮することが無いように家族に対して支給される年金である。遺族年金には国民年金より遺族基礎年金が，厚生年金より遺族厚生年金が支給される。

　遺族基礎年金は次のいずれかの要件を満たしている場合に生計を維持されていた子のある配偶者または子が受け取ることができる[14]。

① 　国民年金の被保険者である間に死亡したとき

② 　国民年金の被保険者であった60歳以上65歳未満の者で日本国内に住所を有していた者が死亡したとき

③ 　老齢基礎年金の受給権者が死亡したとき

④ 　老齢基礎年金の受給資格期間を満たしている者が死亡したとき

　保険料納付要件として，死亡日が含まれる月の2ヶ月前までの被保険者期間に国民年金の保険料納付済期間（厚生年金保険などの被保険者期間）および保

険料免除期間を合わせて 2 / 3 以上あることが必要である[15]。

　遺族年金の受給額について，遺族基礎年金は781700円＋子の加算額となる。なお，子どもが受け取る場合は，（子の加算額）は（2 人目以降の子の加算額）となる。遺族厚生年金は老齢厚生年金で示した報酬比例部分× 3 / 4 の額となる。

8　生活を保障する公的年金制度

　本章では，具体的に公的年金制度はどのような形で生活の保障をするのかを説明した。公的年金と言うと老齢者の給付をイメージしがちであるが，遺族年金や障害年金など現役世代に対する給付も行われている。働くことは収入を得るための手段である。高齢で働けなくなった，障害を持つことにより働けなくなった，家族の働き手が亡くなってしまったことで収入が途絶えてしまう。収入が途絶えれば生活ができない。途絶える理由は様々あるが，公的年金制度はその様々な理由に対応して保障している。

■注────────────────────────────────────
1 ）確定給付企業年金とは受け取る年金額があらかじめ決められている一方で，確定拠出年金については掛金と運用益によって年金額が決まる。また，厚生年金基金については，国が支給する厚生年金について基金が代行できる仕組みがあるが，近年は運営環境が厳しく解散する厚生年金基金が増えており，制度は原則廃止の方向となっている。詳細は労働金庫連合会「企業年金」参照。
2 ）2019年 3 月末の数値である。
3 ）標準報酬月額は 1 等級（9 万8000円）から32等級（65万円）までの32等級に分かれている。
4 ）60歳になった段階で受給を開始すると65歳での受給開始に比べて年金額は 7 割となる。
5 ）増額率は 1 ヶ月単位で上がるが，70歳になった段階での増額率は42.0％である。この繰り上げ，繰り下げ支給の仕組みは老齢厚生年金にもある。
6 ）以下，算式は2020年度のもの。
7 ）計算の基礎となる各月の標準報酬月額の総額を加入期間で割って求めたものである。
8 ）計算の基礎となる各月の標準報酬月額と標準賞与額の総額を加入期間で割って求めたものである。
9 ）生年月日によって乗率は異なる。また，生年月日によって被保険者期間の月数に上限がある。
10）18歳になった年度の 3 月31日までの間の子，または20歳未満で障害等級 1 級・2 級の障害の状態にある子が該当する。

18

11）障害の状態を定める日のこと。その障害の原因となった病気やけがについての初診日から1年6ヶ月を過ぎた日，または1年6ヶ月以内にその病気やけがが治った場合（症状が固定した場合）はその日を指す。

12）特例によって一定の条件を満たす場合は，初診日の前日において，初診日がある2ヶ月前までの直近1年間に保険料の未納期間がない場合でも納付要件を満たすこととしている。

13）障害等級1級とは例えば，両眼の視力の和が0.04以下である場合が該当する。2級は視力で言えば，両眼の視力の和が0.05以上0.08以下の場合が該当する。障害等級が1級〜3級に該当しない場合は，厚生年金から障害手当金を受給することができる。

14）遺族厚生年金の場合は厚生年金保険の被保険者である間に死亡したときなどが要件となる。また，遺族厚生年金の場合，受け取れる遺族の幅は広く，子のない妻や孫なども受け取ることができる。

15）障害基礎年金と同様に特例があり，一定の条件の下では，死亡日が含まれる2ヶ月前までの直近1年間に保険料の未納がなければ納付要件を満たすこととしている。

第3章

運営方法と制度改革
――公的年金制度②

本章の目的

　公的年金制度はどのように運営されているのであろうか。まずは給付の仕組みとして物価スライド制を説明する。そして，基本的な運営の方法として積立方式と賦課方式について説明をする。さらに，少子高齢社会において持続的な年金制度とするため，また防貧機能を高めるための年金改革についても言及する。本章では海外の年金制度についても紹介する。海外の年金制度を知ることで今後の年金制度のあり方についてどうあるべきかを考える参考となるだろう。

1　物価スライド制とマクロ経済スライド制

　物価スライド（1973年導入）は，年金額の実質価値を維持するため，物価の変動に応じて年金額を改定することである。現行の物価スライド制では，前年（1～12月）の消費者物価指数の変動に応じ，翌年4月分から自動的に年金額が改定され，インフレにも対応できる仕組みである。年金の給付額は毎年物価スライド制の仕組みによって決定され，物価，賃金の変動に応じて年金額は改定されているのである。

　2004年の年金改革ではマクロ経済スライド制が導入された。マクロ経済スライド制とは，賃金や物価の改定率を調整して，緩やかに年金の給付水準を調整する仕組みである。具体的には，長期的に財政が均衡するために必要と見込まれる一定期間について，**図表3-1**に示されているように現役世代の減少や平均余命の伸びを考慮した「スライド調整率」に相当する分だけ賃金や物価の上昇による年金額の上昇を抑える仕組みである[1]。

　仮に物価が1％伸びた場合，スライド調整率が0.2％であれば，年金給付額

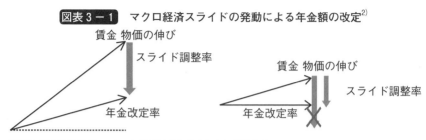

図表3−1 マクロ経済スライドの発動による年金額の改定[2]

賃金 物価の伸び

スライド調整率

年金改定率

賃金 物価の伸び

スライド調整率

年金改定率

(出所) 厚生労働省「いっしょに検証！公的年金」より著者作成。

は0.8％しか伸びない。デフレにおいてはマクロ経済スライドが発動されない。通常の物価スライドにより年金給付額を減額する[3]。

2 積立方式と賦課方式

　年金財政の運営については大きく分けて積立方式と賦課方式がある。積立方式とは現役時代に支払った保険料が，積立金として積み立てられ，年をとって受給者となった時の年金給付の財源となる。いわば，政府が強制的に貯蓄をさ

図表3−2 積立方式の場合の年金保険料と給付の流れ

保険料　　年金

年をとる

保険料　　年金

年をとる

せ，その貯蓄を政府が運用して，元本に加えて運用益を年金の財源とする仕組みが積立方式である。

　賦課方式とは，現役時代に支払った保険料は前世代の給付の財源となる。一方で，年をとって年金受給者になるときは，その給付の財源は，その時の現役世代から支払われる保険料で賄われることとなる。世代間の所得移転が行われており，世代と世代の助け合いとなっている。

　図表 3 − 2 と**図表 3 − 3** を見比べてみると，お金の流れが積立方式と賦課方式で異なることが分かるだろう。

　日本における公的年金は当初は積立方式で始まったが，現在では，将来の給付を積立金だけで賄わない修正積立方式となった。現役世代の保険料がそのまま給付に回る割合がどんどん増え，**図表 3 − 4** に示されるように現在は保険料収入をそのまま給付に充て，積立金を取り崩して給付に充てており，実質的に

図表 3 − 3　**賦課方式の場合の年金保険料と給付の流れ**

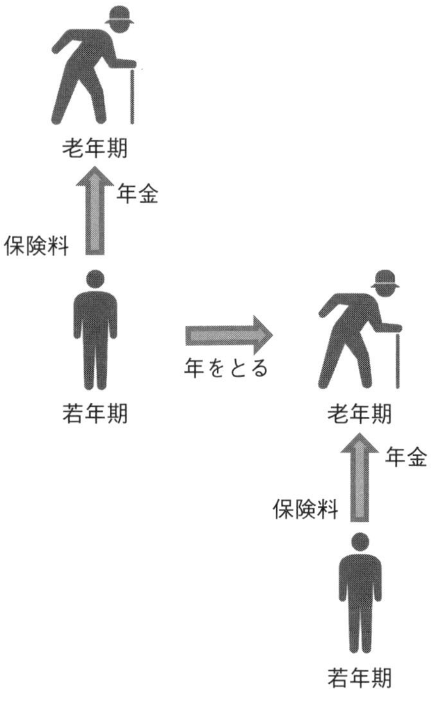

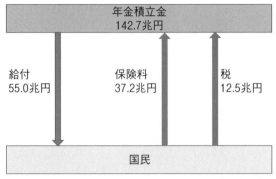

図表3－4 年金財政の仕組み

年金積立金
142.7兆円

給付
55.0兆円

保険料
37.2兆円

税
12.5兆円

国民

(出所) 厚生労働省「平成29年度年金制度のポイント」より著者作成。年金積立金は2015年度末，その他数値は2017年度)。

は賦課方式制度となっている。

　積立方式の収益率は利子率（名目利子率）である。一方で賦課方式の場合の収益率は人口成長率である。若年世代が多く，保険料収入も多く得られる場合は老年世代１人当たりへの給付も多くなることは想定できるだろう。しかし，現在の日本のように少子高齢化が進むと年金の給付を維持するためには若年世代の１人当たりの保険料負担を増やさなければならず，世代間での保険料負担の格差が起きることとなる。一方で，積立方式の場合は，若い時に納めた保険料が政府によって積み立てられるため，それを年金給付に取り崩せば良いため，少子高齢化の影響を受けない[4]。しかし，積立方式は急なインフレには対応できない。物価スライド制で支給する年金額を急に増やしたい場合は積み立ててある年金額だけでは対応できない。その点，賦課方式であれば若年世代からの保険料を増やせば対応できる[5]。

　今までの積立方式と賦課方式の特徴についてまとめると**図表3－5**のようになる。

　賦課方式については，人口が増える代わりに経済成長が進み，所得水準が高くなれば，保険料収入が増えて給付水準が増えるということも考えられる。すなわち，賦課方式の収益率は人口成長率だけでなく経済成長率も含めて考えることもできる。

図表3－5　積立方式と賦課方式のメリットとデメリット

	積立方式	賦課方式
収益率	利子率（名目利子率）	人口成長率
メリット	既に給付財源は確保されているので，若年世代の人口が減っても世代間の不公平は発生しない。	予期し得ないインフレが起きたとしても保険料を引き上げることで給付水準は維持可能。
デメリット	予期し得ないインフレといった不確実性への対応に限界。運用を誤れば給付水準を維持できない。	少子高齢化で若年世代の人口が減れば，世代間の不公平が発生。

3　2004年の年金改革

　年金改革は5年に一度行われる。駒村・丸山・齋藤・永井（2012）ではその理由として，政府の人口推計が5年間隔で行われることと，その人口推計を行う際の基礎データである国勢調査が5年に一度である点を挙げる。年金改革は過去にも行われてきたが2004年の年金改革は百年安心プランとも言われる大きな改革と言える。

　従来は，給付水準を維持するために将来にわたり保険料を引き上げ続けるという方式であったが（給付先決め方式），改革により，将来の保険料の上限を設定し，その収入の範囲で給付を行うこととした（負担先決め方式）。

　具体的には，保険料負担水準は，2017年度までに厚生年金保険料率を18.3％，国民年金保険料を16900円（2004年度価格）に引き上げ，以降は固定する。一方で，給付水準について，標準的な年金の給付水準は，年金を受給し始める時点（65歳）で現役サラリーマン世帯の平均的所得の50％を上回るものとする[6]。

　年金積立金についてはこの100年（財政均衡期間）後には給付費1年分程度を保有することとされ，その間は年金財政の安定化のために取り崩しを行うこととされた。

　また，基礎年金の国庫負担については2009年度までに1/3から1/2に引き上げることも決められた[7]。

4 近年の年金改革について

　本節では近年の年金改革の内，重要と思われるものをいくつかピックアップして説明したい。

4.1 被用者保険制度の拡大

　公的年金制度の財政基盤及び最低保障機能の強化等のための国民年金法等の一部を改正する法律が平成24（2012）年8月10日に成立した。週の所定労働時間および月の所定労働日数に関する「4分の3要件」を満たす者に加え，4分の3要件を満たさない者のうち，

① 「週所定労働時間が20時間以上」
② 「賃金が月額88000円以上」
③ 「勤務期間が1年以上」
④ 「従業員500人超の規模である企業に使用されている（今後は100人超，50人超と段階的に変更）」

の基準をすべて満たすパート労働者（学生を除く）について，適用対象とするものである。

　この仕組みでの対象者は25万人であるため，短時間労働者の大部分については適用されないと考えられる。この仕組みによって，130万円を超えないように働いていた第3号被保険者（847万人（2019年度末））にとっては，保険料を支払う必要が出てくるので，保険料負担を避けたいと考え，基準以下となるように働き方を変える必要があるのかもしれない。しかし，一方で被用者年金の拡大によって保険料は労使折半となり，被用者年金の適用を受けて働くことが考えられる。

　また，一家の稼ぎ手が非正規雇用者で国民年金の第1号被保険者の場合，被用者保険の適用により基礎年金だけでなく厚生年金も受給でき，その保険料は労使折半となり，さらに配偶者が一定の年収以下であれば第3号被保険者として本人が負担することなく配偶者の年金ももらうことができるようになる。（図表3－6）。

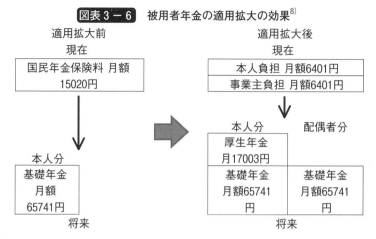

図表 3 − 6　被用者年金の適用拡大の効果[8]

（出所）厚生労働省「短時間労働者に対する被用者保険の適用拡大」より著者作成。数値は2011年。

　しかし，厚生年金の場合，事業主が半分支払うために，厚生年金の適用拡大によって，パート，アルバイトについて雇うのを抑制するかもしれない。そもそも，駒村・丸山・齋藤・永井（2012）によれば，従業員数が少ない所ほど，一定の労働時間以上働いているにもかかわらず非正規雇用者で被用者保険が適用されている割合は小さくなっている。このような，厚生年金の空洞化が起きている下で実効性はあるのか疑問である。

4.2　受給資格期間の縮小

　基礎年金部分の給付については，保険料のみならず税金が投入されている。基礎年金の国庫負担については2009年度に 1 / 3 から 1 / 2 に引き上げられたが，財源としての消費増税は2013年に行われた。また，将来の無年金者の発生を抑えていくという視点から，かつて25年であった老齢基礎年金の受給資格期間は10年に短縮された。そうすると，**図表 3 − 7** を見ると，およそ 4 割の無年金者が給付を得られることとなる。

図表3－7 65歳以上の無年金者（約42万人）の納付済み期間の分布

納付済み期間	10年未満	10年～15年未満	15年～20年未満	20年～25年未満	計
割合	59%	19%	15%	6%	100%

（出所）厚生労働省「受給資格期間の短縮について」より著者作成。

図表3－8 国民年金保険料の納付率等の推移

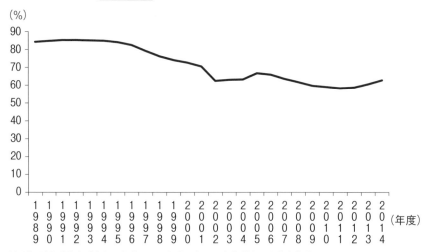

（出所）厚生労働省「令和元年度の国民年金の加入・保険料」より著者作成。

図表3－8から分かるように，国民年金の納付率は高い水準とは言えない。国民年金の未納付はその分だけ受給資格期間に加えられず，また年金給付額も減ることとなり，老年期における貧困をもたらすこととなる。

　厚生労働省「国民年金被保険者実態調査」で示されている国民年金第1号被保険者の構成を見ると，パート，無職の比率が高い。非正規雇用比率も近年ではおよそ40％にまで達しており，国民年金第1号被保険者で無職は34.2％（2017年）と高い水準である。これらを考えると，支え手としての保険料拠出能力は十分であるとは言えない。また，国民年金の納付率について見ると，多少持ち直しは見られるものの，十分な保険料収入が得られない実態が明らかとなっている。従って，基礎年金については全額税方式にした方が財源調達の面では望ましいのではないかということが主張される。さらに，全額税方式にし

て，保険料の納付期間に関係なく給付を得ることができるようになれば，保険料の納付期間が短くて基礎年金の給付額が少なくなるといった状況は改善できる。

　生活保護受給世帯の中で高齢者世帯が最も割合として大きいが，これが全額税方式になれば，高齢者の生活保護の受給が減ることになる。ただこれは高齢者への所得移転をどのような制度で行うかの違いであり，ここに本質的な違いはないものと言える[9]。また，基礎年金の受給額だけでは満額であったとしても生活を維持していくには困難な水準である。

4.3　その他の年金制度改正

　その他の年金制度改正について，ここでは2つ説明したい。1つ目は厚生年金の分割である。2007年4月以降に離婚する場合，結婚していた期間分の夫妻の厚生年金の合計額について1/2を上限として2人で分割が可能となった。また，育児休業中の保険料免除期間が3年に延長された（子どもが3歳になるまで，本人負担分と事業主負担分が免除）。

　2つ目は年金一元化である。2015年の10月より被用者年金一元化として，厚生年金と共済年金が一元化された[10]。

　図表3－9を見ると厚生年金に比べ共済年金は1人当たりの積立金も多く，財源的には豊かであると言える。また，保険料率は共済年金の方が低く，共済年金が優遇されていると指摘されても仕方のない部分がある。一元化により共済年金の保険料率は厚生年金に合わせることとなった。厚生年金の財政状況が厳しいことから一元化が行われたと考えることができるが，給付と財源について本質的な解決策を出さなければ厚生年金を救済するための一時しのぎの政策

図表3－9　厚生年金と共済年金

	適用者数	老齢年金受給権者数	老齢年金平均年金月額	積立金（簿価）
厚生年金	3527万人	1523万人	15.7万円	103.2兆円
公務員など共済組合	440万人	280万人	20.6万円	47.5兆円

（出所）厚生労働省「厚生労働白書」より著者作成。数値は2013年末のものである。

としか言えない。

5　各国の年金制度

　本節では，日本の年金制度を他の先進諸国と比較をすることで日本の今後の年金制度のあるべき姿について考えていきたい。

5.1　日本と諸外国の年金制度の比較

　図表3−10より，各国と比較して分かることは，日本は受給資格期間がかつて25年であった時を考えると諸外国と比較しても長いものであったが，現在の10年も特別短いとも言えない。ドイツは5年であるが，イギリス，フランス，スウェーデンなどでは受給資格期間はない。もっとも，保険料の納付が少なければ，給付は少なくなることが考えられ，またスウェーデンの保証年金は居住年数によって給付が異なることから，受給資格期間を単に短くしただけで高齢者の貧困問題が解決できるとは思えない。

　次に見たいのが，保険料率である。図表3−10は被用者年金の保険料率を比較しているが，労使折半と事業主の負担が多い国に分かれる。ただ，ここでの労使折半であるとか事業主の負担が多いといった話は本質的ではなく，後述す

図表3−10　**先進諸国の年金制度**

	日本	アメリカ	イギリス	ドイツ	フランス	スウェーデン
保険料率	厚生年金：18.3%（労使折半）基礎年金：月額16410円	12.4%（労使折半）	25.8%（本人12.0%, 事業主13.8%）	18.6%（労使折半）	17.75%（本人7.3%, 事業主10.45%）	17.21%（本人7.0%, 事業主10.21%）
支給開始年齢	国民年金：65歳, 厚生年金男性：62歳，女性61歳	66歳	65歳	65歳7か月	62歳（満額拠出）66歳（満額拠出ではない）	61歳以降で本人が開始時期を選択
受給資格期間	10年	10年（40加入四半期）	10年	5年	なし	なし
国庫負担	基礎年金給付額の1/2	なし	なし	23.1%	34.7%	保証年金の全額

（出所）日本年金機構「知っておきたい年金のはなし」

る保険料の負担の転嫁と帰着の問題の上で考えなければならず，表面的な負担率は意味を持たないと思われる。

　支給開始年齢についても各国でばらばらである。日本は将来的には65歳まで引き上げることが決まっているが，例えばアメリカは2027年までに67歳に引き上げ，イギリスでは段階的に支給開始年齢を引き上げ，最終的には68歳に引き上げること，ドイツについても2029年までに67歳に引き上げることが決まっている。すなわち，世界的に見て支給開始年齢は引き上げる傾向にあり，日本は先進諸国でも最も高い高齢化率となっており，65歳に引き上げる過程とはいえ，さらに引き上げていかなければならないのではないかと思われる。

5.2　スウェーデンの年金制度

　ここでは具体的にスウェーデンの年金制度を見てみたい。スウェーデンには年金の防貧機能を強化するものとして保証年金の仕組みがある。スウェーデンの年金制度の特徴は次の3つにまとめることができる。

①　保証年金と所得比例年金の存在

　スウェーデンの年金制度は所得比例年金である。従って，所得が多く年金保険料を多く払っている者ほどその給付は多い。しかし，所得比例年金の場合，保険料の納付の程度によっては給付が少なくなり，最低生活を維持するための必要な給付を得ることができない場合が考えられる。

　そのような事態に対して保証年金という仕組みが存在する。所得比例年金額が一定額以下であれば，一定額と所得比例年金額の差を保証年金として受け取ることができる（**図表3－11**）。保証年金の支給開始年齢は65歳であり，3年以上スウェーデンに居住していることが必要である。40年の居住で満額支給される。保証年金については全額国庫負担となっている。日本においては基礎年金部分が1／2の国庫負担となっている。日本の基礎年金は保険料の納付の程度によって給付が変わるため，最低保証年金の役割を持っていない。日本においては生活保護制度がその役割を持っていると考えられる。

②　所得比例年金は積立方式部分と賦課方式部分に分かれる

　保険料率は将来にわたり18.5％（16％（賦課）＋2.5％（積立））に固定され，その範囲内で給付が行われる。賦課方式の部分は個人の納付保険料に加えてみ

図表3-11 スウェーデンの年金の仕組み

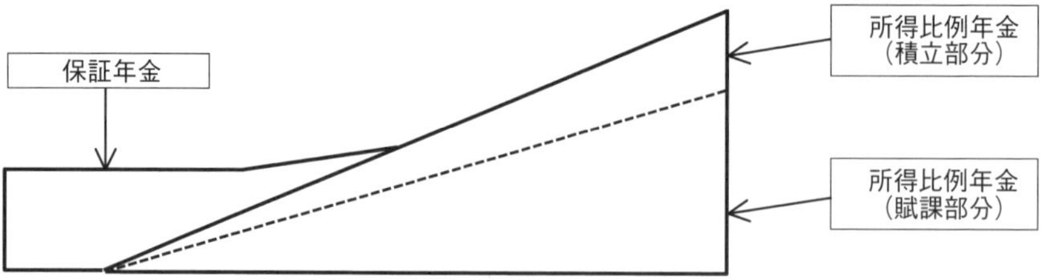

保証年金

所得比例年金
（積立部分）

所得比例年金
（賦課部分）

(出所) 厚生労働省「スウェーデンの年金制度概要」より著者作成。

なし運用益（名目所得上昇率を基本とし，受給開始前に死亡した被保険者が納
付した保険料を同年齢の被保険者に分配したものから一定の管理費を引いたも
の）を基本に平均余命などを考慮して給付される。積立方式部分は実際の運用
利回りおよび受給開始前に死亡した被保険者が納付した保険料からの分配から
一定の管理費を差し引いた分が給付される。

③ **財政均衡化システム**

　スウェーデンでは，年金依存者率（＝年金給付に依存する人口÷年金給付の
費用を負担する人口）と年金の所得代替率が連動する仕組みで給付が行われる。
平均余命が長くなれば，それだけ給付減につながり，保険料による調整が行わ
れることはない。

　具体的に給付額について，レグランド塚口（2012）を元に説明したい。実際
の平均所得の上昇率が1.6％以上上昇すれば，平均所得上昇率－1.6％分が年金
額にスライドされる。もし，年金基金の資産÷年金債務比が1.00以下の時，年
金財政均衡化システムが働く。例えば，年金資産÷年金債務＝0.99として，平
均所得が4％上昇した場合，4％×0.99＝3.96％の上昇とみなし，年金化除数
（65歳になった当該年齢層の平均余命）で割る。従って，平均余命が長くなれ
ば，年金給付額は減り，所得代替率は低下することとなる。

　スウェーデンの場合は，**図表3-12**で示されるように年金資産と年金債務が
均衡するように年金制度を運営している。一方で，日本の場合は，2004年の年
金制度改革では100年かけて積立金が1年分残るように消化していくことを掲
げた（有限均衡方式）。もちろん，これは100年後どうなるのかという問題をも
たらす。もっとも日本には5年に一度の財政検証を通じて年金の持続可能性に

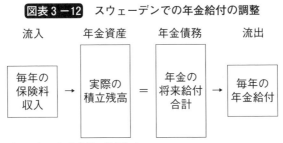

図表3−12　スウェーデンでの年金給付の調整

(出所) レグランド塚口 (2012) を参考に著者作成。

ついて検証する機会がある。スウェーデンのような制度は年金制度が将来にわたって持続可能であることをアピールする点で効果的であろう。

　スウェーデンでは，年金財政の計算の前提として，合計特殊出生率を1.85人，毎年の純移民を2万3000人と想定している。スウェーデンのような出生率が回復した国でも年金制度を持続可能とするためには移民を受け入れるなどの政策が必要である。日本は合計特殊出生率も低く，移民も本格的には受け入れておらず，子育て世代をはじめとして女性の労働参加率も低い。日本の年金制度を持続可能とするためには年金保険料収入を高めていくことが必要であり，そのために労働力人口あるいは労働参加率を高めていくことが必要であろう。

6　年金の将来は

　年金の持続可能性は社会の大きな関心である。年金の給付を維持しつつ，保険料負担を上げない方法はあるのだろうか。その解答が積立金の運用である。積立金を運用することで運用益を上げることによって可能である。運用益を上げるためにはより積極的な運用をしなければならない。具体的には日本の国債で運用する場合，その運用益は低いため，株式の投資や外国の債券，株式に投資をしなければならないであろう。これは景気が良い時には，企業の業績も上がるので運用益を大きく上げられる可能性があるが，景気が悪くなり企業の業績が悪くなった場合や為替変動があれば運用益はマイナスとなる。現に，世界的な金融危機によって運用益はマイナスとなった時がある。積極的な積立金の運用は年金財源を不安定化させる。給付水準や保険料水準の固定にこだわるの

ではなく，積立金をある程度安定的に運用していくことが安定的な財源確保につながり長期的には持続可能な年金制度となるように思われる[11]。

■注
1）用語説明は日本年金機構「年金用語集」を参照。

2）マクロ経済スライド制は2015年度より初めて適用された。デフレにおいて適用されないため，年金財政の長期均衡を達成するための十分な役割を果たすものかについては疑問がある。

3）図表3－1の右のケースはスライド調整率＞賃金物価の伸びのケースであるが，この場合，賃金物価の伸びの分だけマクロ経済スライドが適用されることとなる。

4）駒村・丸山・齋藤・永井（2012）では厚生年金保険料率の推移を示しており，後から生まれる世代ほど適用される平均的な生涯の厚生年金保険料率は高くなることが示されている。これは，2004年の年金改革で毎年の厚生年金の保険料率を引き上げることを決定しているので直感的な結果である。

5）名目利子率＝期待物価上昇率＋実質利子率というフィッシャー方程式があるため，物価上昇率の上昇は名目利子率も同等に引き上げるので積立方式でも名目利子率の上昇があれば問題ないと考えることもできるであろう。しかし急激なインフレが起き，そのインフレ率と等しいだけの名目利子率の上昇が瞬時に起きなければ，やはり急なインフレは積立方式では問題となる。

6）厚生労働省の考えるモデル世帯とは，夫は40年間厚生年金に加入し，妻は40年間国民年金（第3号被保険者）に加入している世帯としている。所得代替率とは，年金月額÷手取り賃金（ボーナス込み年収の月額換算値）で計算される。

7）しかし，そのための財源として5％から8％へと消費増税が行われたのは2014年4月である。

8）標準報酬月額の引き下げとともに被用者年金の適用を拡大し，配偶者は第3号被保険者となる場合である。

9）生活保護は資産や収入，能力の活用など補足性の原理に基づいて運用され，さらに役所への申請があるので，ハードルは高いため，純粋に同じとは言えない。あくまでも財政負担の面で同等であるということである。

10）厚生年金の3階部分に対応するものとして，共済年金の職域加算がある。これは民間部門の3階に当たる企業年金に対応して作られたものである。保険料負担では，職域加算部分を含めて1／2ずつ労使折半となっており，企業年金の場合は，それに加えて更なる負担となる。今回の一元化とともに職域加算は廃止され，年金払い退職給付が創設されることとなった。

11）公的年金積立金の資産構成は国内債券25％，国内株式25％，外国債券25％，外国株式25％である（2020年）。この比率は変更によりリスクの高い資産への配分が大きくなった。また，世界的な金融危機により，2008年度の名目の利回りは－7.61％となった。

第4章

公的年金制度の経済分析
——公的年金制度③

> **本章の目的**
>
> 　公的年金制度は引退期に年金をもらうことができるため，老年期のための貯蓄を減らすことが考えられる。また，保険料や給付を通じて労働供給にも影響を与える。さらにマクロ経済にも影響を与える。これらの影響について経済学を用いて分析したい。

1　資本蓄積に及ぼす効果

　年金導入前と年金導入後で総所得に変化がなければ，若年期の消費と老年期の消費額を変えることはない。従って，年金という貯蓄に代わる手段が存在することにより個人の貯蓄を年金の給付分だけ減らすことが考えられる。

　積立方式の場合は，経済全体の貯蓄総額＝政府の貯蓄＋個人の貯蓄であり，貯蓄の配分が変わるだけで貯蓄総額に影響を与えない。賦課方式の場合は，貯蓄総額が減ってしまうことになる。従って，投資に配分される資金が減少するため資本ストックが減少する。その結果，生産要素としての資本ストックが減少するため，生産能力にマイナスの影響を与える。

　これについて，数値例を用いて考えてみたい。個人の効用関数を$U = XY$で表わすとする（U：効用水準　X：若年期の消費　Y：老年期の消費）。若年期にのみ労働を行うとし，労働によって得られた労働所得を100とする。老年期に消費を行うためには貯蓄を行わなければならない。利子率は10％とする。また，人口成長率も10％とする。

　年金保険料を20とし，1人当たりの年金給付について，積立方式の場合は元

本と利子収入が老年世代に均等に分配され，賦課方式の場合は若年世代から集めた保険料収入が老年世代に均等に分配されるとする。この時の個人の予算制約式は次のようになる。

① 年金が存在する場合

・若年期の貯蓄：S（貯蓄）$= 100 - 20 - X$

・老年期の消費：$Y = 1.1S + 1.1 \times 20$

Sを代入して消去する形で生涯の予算制約式は次のように求められる。

・生涯の予算制約式：$Y = 110 - 1.1X$

② 年金が存在しない場合

・若年期の貯蓄：S（貯蓄）$= 100 - X$

・老年期の消費：$Y = 1.1S$

・生涯の予算制約式：$Y = 110 - 1.1X$

年金が存在する場合でもしない場合でもこの場合は生涯の予算制約式は同じとなる。この時の若年期の消費と老年期の消費を求めるために，効用関数に生涯の予算制約式を代入して，その効用関数が最大となる若年期の消費Xを求める[1]。

$$U = XY = X(110 - 1.1X) = 110X - 1.1X^2$$

微分してゼロとおいて $\dfrac{dU}{dX} = 110 - 2.2X = 0$

よって，$X = 50$が得られる。生涯の予算制約に代入して$Y = 55$が得られる。この時の個人の消費配分と個人の貯蓄水準および若年世代1人当たりで見た経済全体の貯蓄水準（＝政府貯蓄＋個人の貯蓄）を積立方式と賦課方式の場合で見ていくと**図表4－1**のとおりとなる。

図表4－1 積立方式と賦課方式における貯蓄の比較

	積立方式	賦課方式	年金なし
個人貯蓄（若年期の貯蓄）	30	30	50
（若年世代1人当たり）政府貯蓄	20	0	0
（若年世代1人当たり）全体貯蓄	50	30	50

　ここで，積立方式による年金給付は経済全体の貯蓄に影響を与えないことから，生産要素としての資本ストックに何ら影響を与えず，長期的な国内総生産には影響を与えない。一方で賦課方式では，年金給付の存在が経済全体の貯蓄を減らすために，投資が阻害され，生産要素としての資本ストックが減少し，長期的な生産能力の低下から国内総生産は低下することとなる。

2　やめられない賦課方式

　賦課方式では，若年期に納めた保険料はその期の老年世代の年金給付に消え，自らが老年期になった時にはその下の世代から保険料を年金給付という形で受け取ることとなる。賦課方式を止めた場合，止めたときの老年世代は若年期に保険料を払う一方で老年期に年金を受け取れないことから，この年金をもらえない世代と年金をもらえる他世代との不公平が存在することになる。

　従って，高齢化社会では賦課方式より積立方式の方が望ましいとはいうものの，直ちに移行するというのは難しい。そこで，小黒（2010）や小塩（2013）では，この世代に対する給付を事前積立によって賄うか，後年度の公債発行によって賄うことができることを示している。

　事前積立とは保険料の一部を止めた時の世代の年金給付に充てるため，あらかじめ蓄えておくことである。事前積立と後年度の公債発行では負担する世代が異なる。いずれにしても世代間の不公平は存在することになる（**図表4−2**）。

図表4−2　**事前積立と事後積立**

・保険料の一部を打ち切り世代の給付に充てるために蓄えておく。

前の世代から　打ち切り　将来世代
　　　　　　　世代へ

・公債を発行して給付を行い，保険料の一部をその返済に充てる。

前の世代　打ち切り　将来世代から
　　　　　世代へ

3 年金と労働供給

　年金制度における保険料負担および給付を通じて労働供給に影響を与える。本節ではその影響について説明したい。

3.1 年金保険料と労働供給

　被用者として会社に雇用されている場合，基礎年金に加えて厚生年金に加入することとなる。この場合，保険料は賃金月額の一定割合となり，所得比例的な保険料を支払うこととなる。保険料の存在は，労働所得税と同じように個人の余暇と労働の選択に影響を与えることとなる。自営業者など国民年金の第1号被保険者に対しては所得比例的ではなく，一括的な保険料の徴収が行われている。その理由の1つとしては，自営業者などは正確に所得を捕捉することが難しいなどの理由があろう。一括的な保険料負担は低所得者ほど負担が重たくなる逆進性の問題がある。しかし，比例的な税負担は一括税に比べ資源配分の歪みを生じさせ，同じ税収ならば歪みを伴う比例税よりも一括税の方が社会厚生の観点から望ましいことが明らかとなっている[2]。

3.2 国民年金第3号被保険者の問題

　サラリーマンに扶養されている配偶者（第2号被保険者と第3号被保険者の配偶者）は，国民年金の第3号被保険者として，自らは年金保険料を負担することはなく，基礎年金を受給する権利を得ることができる。この扶養条件は現在では年収130万円未満である。この年収を超えると，働き方によっては第1号被保険者となり国民年金保険料を払うか，第2号被保険者となり被用者として厚生年金に加入し厚生年金保険料を払うことになる。この場合，年収が130万円に収まるように労働供給を調整する行動が考えられる。これは女性の労働参加率を低める要因となり，今後労働力不足が懸念される中で労働力人口を増やしていく政策を行う際には見直される所であろう[3]。

3.3　在職老齢年金と労働供給

　60歳台でサラリーマンとして働いている場合は，年金保険料を第 2 号被保険者として負担する一方で，収入の大きさによっては年金給付が削減されることになる。例えば，60〜64歳の在職老齢年金制度では，賃金（ボーナス込み月収）と年金の合計額が28万円以下であれば年金は支給されるが，それ以上の場合は年金が削減される。65歳以上の在職老齢年金制度では基礎年金は全額支給されるものの，賃金（ボーナス込み月収）と厚生年金（報酬比例部分）の合計額が47万円を上回る場合は，年金が削減される。言い換えると，一定の所得以下の場合であれば年金給付を全額分受けることができるが，一定の所得以上となると年金給付が削減されることになるというものである。このような仕組みも高齢者の労働参加を抑制するものと言えよう。

4　社会保険料の労使折半と負担の転嫁と帰着

　図表 4 − 3 の左図を用いて説明したい。破線が保険料が存在しない場合の労働供給曲線であり，保険料を労働所得に対して比例的に取り労働者に保険料納付義務を課す場合，労働供給曲線が上方へシフトすることとなる。このとき，均衡賃金はBからAへ上昇する。しかし，この労働者は 1 単位の労働に対してACだけの保険料を納めなければならないので，労働 1 単位当たりの純受取賃金の大きさはCとなる。従って，保険料については労働を需要する企業はABだけ，供給する労働者はBCだけ負担することとなる。

　労働需要曲線の傾きが緩やかになった場合についても考えたい。図表 4 − 3 の右図は労働需要の賃金弾力性が大きい場合，すなわち，賃金の上昇に対して労働需要を大きく減らす場合であり，この場合，左図に比べると，BCの大きさは大きくなっている。すなわち，労働者の負担分は大きくなっている。従って，労働市場がどのような状態であるのかで労働者の負担分は変わってくるのである。

　厚生年金や被用者健康保険などで見られるように，保険料は労使折半となっていて，労働者と使用者がそれぞれ半分ずつ払うこととなっている。しかし，

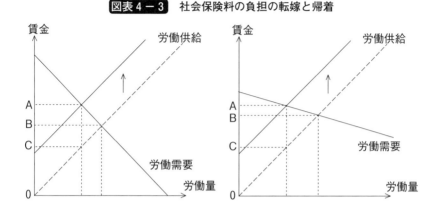

図表4-3 社会保険料の負担の転嫁と帰着

負担についてはその支出した保険料額で見るのではなく, 最終的な負担の帰着を見るべきである。

5 時間的非整合性

政策の決定と実行に関しては, 政府は事後的に政策を変更したい誘因に駆られる時間的非整合性の問題がある。

例えば, 老年期に貧困に陥らないように年金保険料をしっかり納めさせるように政府は年金保険料を払えるのに払わない者には老年期に貧困で苦しんでも一切助けないといった宣言をしたとする。人々は, それでは困ると若い時にはきちんと保険料を納付しなければと考えるだろう。しかし, 実際, 老年期に保険料を払えるのに払えず貧困に陥った場合, 政府が実際に助けないといった選択をとることはまずないだろう。貧困で苦しんでいる人を救済する気持ちに政府は駆り立てられるし, 世論も放ってはおかないだろう。生活保護制度も貧困に陥った原因は問わず無差別平等の原則を掲げている。

と考えれば, 合理的な個人は, たとえ保険料を払わなくても将来政府は救ってくれると考えて, 保険料を払わないといった行動をとることが考えられる。この場合, 年金制度による防貧機能は損なわれてしまう。ただ, このように戦略的に考えて年金保険料を納めないという者はあまりいないと思われる。実際

は現役時に何らかの事情で保険料を納付できなかったことで老年期に年金がもらえないという事態に陥っている者の方が多いと考えられる。

6　分析から見えてくること

　厚生年金の保険料負担は労使折半であり，使用者と労働者で半分ずつの負担となっているが，実質的な負担は，市場を通じた影響で見る必要があることをこの章で説明した。労使折半からさらに使用者の負担を増やし，労働者の負担を減らした場合，見かけ上は労働者の負担は軽くなっているように見えるが，使用者が保険料負担を賃金の減少で補う可能性は十分にあるのだ。経済学を用いることで見かけだけの負担割合の話ではなく，本質的な負担の話ができる。従って，年金制度改正において経済学の視点は必要なものである。

■注

1 ）第18章で効用を最大化する消費水準の導出の方法について説明している。導出の方法について確認の必要があれば第18章を参照頂きたい。

2 ）詳しくは第18章の労働所得税の説明を参照。

3 ）制度による労働供給抑制の効果については，所得税の配偶者控除も考えられる。配偶者控除は年間合計所得が48万円以下（給与のみの場合は103万円以下）の場合に適用できることとなる。世帯での税負担を減らすために，働き方については給与収入を103万円に抑えるように働くことが考えられる。

演習問題 （第1章～第4章）

A．年金制度の基本的な仕組みに関する以下の問題に答えなさい。

1．国民年金における第1号被保険者，第2号被保険者，第3号被保険者について説明しなさい。

2．物価スライド制について説明しなさい。

3．マクロ経済スライド制について説明しなさい。

4．老齢基礎年金を受け取るための条件について説明しなさい。

5．老齢基礎年金の繰り上げ支給，繰り下げ支給について説明しなさい。

6．被用者年金制度について説明しなさい。

7．国民皆年金の仕組みについて説明しなさい。

8．厚生年金基金について説明しなさい。

9．国民年金基金について説明しなさい。

10．学生納付特例制度について説明しなさい。

11．積立方式とは何か。さらに，そのメリットとデメリットを説明しなさい。

12．賦課方式とは何か。さらに，そのメリットとデメリットを説明しなさい。

13．年金の所得代替率とは何かを説明しなさい。

14．パート・アルバイトなど短時間労働者の厚生年金加入におけるいわゆる4分の3要件とは何か。

15．公的年金制度はいわゆる2階建て（3階建て）と言われるが，その理由を述べなさい。

16．少子高齢社会においては，賦課方式年金制度は一般的に世代間の不公平が大きくなることが指摘されているが，その理由を述べなさい。

17．基礎年金の国庫負担引き上げとは何かを説明しなさい。さらに，それに伴う問題点について説明しなさい。

18．スウェーデンの年金制度を①保証年金，②所得比例年金，③財政均衡化システムの3つのキーワードを用いて説明しなさい。

19．国民年金における，配偶者の年金に関する不公平の問題を説明しなさい。

20．被用者年金一元化とは何かを説明しなさい。

21．公的年金制度の財政基盤及び最低保障機能の強化等のための国民年金法等

の一部を改正する法律が2012年8月10日に成立した。これに関する次の問題
に答えなさい。

a．短時間労働者に対する厚生年金・健康保険の適用拡大は，家計と企業に
どのような影響を与えるか。

b．年金の受給資格期間の縮小は，高齢者の貧困問題を解決できるか。

B．公的年金制度の経済分析に関する次の問題に答えなさい。

1．社会全体の資本蓄積の観点から積立方式と賦課方式の違いについて説明し
なさい。

2．賦課方式制度から積立方式へ移行する際の問題点を説明しなさい。さらに
その問題を解決するための事前積立と事後積立について説明しなさい。

3．公的年金の保険料に関する次の問題に答えなさい。

a．在職老齢年金制度は労働供給にどのような影響を与えるか説明しなさい。

b．国民年金第3号被保険者制度は労働供給にどのような影響を与えるのか
を説明しなさい。

c．国民年金第1号被保険者の保険料の徴収は所得にかかわらず一定額であ
る。この制度について効率性と公平性の観点から是非を説明しなさい。

4．次の問題に答えなさい。

個人の効用関数を $U = XY$ で表わすとする（U：効用水準　X：若年期の消
費　Y：老年期の消費）。

若年期にのみ労働を行うとし，労働によって得られた労働所得を100とする。

老年期に消費を行うためには貯蓄を行わなければならない。利子率は10％と
する。また，人口成長率も10％とする。

年金保険料を30とし，1人当たりの年金給付について，積立方式の場合は元
本と利子収入が老年世代に均等に分配され，賦課方式の場合は若年世代から集
めた保険料収入が老年世代に均等に分配されるとする。

a．年金（積立方式あるいは賦課方式）が存在する場合の個人の生涯の予算
制約式を求めなさい。

b．年金が存在しない場合の個人の生涯の予算制約式を求めなさい。

c．a．における若年期の消費Xと老年期の消費Yを求めなさい。

d．次の表は個人の貯蓄水準および若年世代 1 人当たりで見た経済全体の貯蓄水準（＝政府貯蓄＋個人の貯蓄）である。空欄に適する数字を入れなさい。

	積立方式	賦課方式	年金なし
個人貯蓄（若年期の貯蓄）			
（若年世代 1 人当たり）政府貯蓄			
（若年世代 1 人当たり）全体貯蓄			

5．次の文章のかっこ内に適するアルファベットを入れなさい。

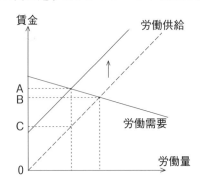

　破線が保険料が存在しない場合の労働供給曲線であり，保険料を労働所得に対して比例的に取り労働者に保険料納付義務を課す場合，労働供給曲線が上方へシフトすることとなる。

　このとき，均衡賃金は（　　　）から（　　　）へ上昇する。しかし，この労働者は 1 単位の労働に対してACだけの保険料を納めなければならないので，労働 1 単位当たりの純受取賃金の大きさは（　　　）となる。従って，労働 1 単位当たりの保険料については労働を需要する企業は（　　　）だけ，供給する労働者は（　　　）だけ負担することとなる。労働需要の賃金弾力性が小さくなると（　　　）は大きくなり，（　　　）は小さくなる。

C．次の問題について考えなさい。

　労働力不足が懸念される日本では高齢者労働の活用が考えられているが，在職老齢年金の仕組み（働いて収入を得ることで年金給付が削減される）が高齢者労働の活用を妨げているとも考えられている。この問題についてあなたはどう考えるか。

43

公的医療保険制度の基本的な仕組み
——公的医療保険制度①

> **本章の目的**
>
> 病気やけがをした時に，病院に行って治療を受けた経験はあるだろう。その際に，多くの人が保険証を持っていって治療を受けている。保険証による治療を受けることで，医療費の自己負担は低くなり，費用負担の心配をせず，安心して治療を受けることができる。本章では，日本の公的医療保険制度の仕組みについて説明する。

1　医療保険制度の仕組み

　医療保険は，加入者が少しずつお金を出し合って，病気やけがの際に，誰でも安心して医療を受けられるようにするシステムである。日本では1961年に「国民皆保険」が施行され，国民は必ず何らかの医療保険に加入することになっている[1]。この公的医療保険に加入することによって，端的に言えば低い自己負担で医療サービスを受けることができる。

　日本の公的医療保険の特徴としては，次の３つが挙げられる。

① 国民皆保険：全国民が保険に加入する。保険料を支払うことで，低い自己負担で医療サービスを受けられる。

② 診療報酬点数制：保険診療の場合は，医療サービスの価格が診療報酬として設定されている。

③ フリーアクセス：自由に受診したい医療機関を選ぶことができる。

　イギリスではまず，かかりつけ医に診てもらう必要がある一方で，日本ではフリーアクセスが認められ，受診したい医療機関を選ぶことができる[2]。また，保険診療の場合は設定された診療報酬に基づいて医療費が決まる。その何割か

図表 5 − 1 医療保険制度の種類

① 被用者保険	健康保険，共済組合，船員保険（大企業であれば組合健保，中小企業であれば協会けんぽ）
② 国民健康保険	自営業者などが加入する。
③ 長寿医療制度（後期高齢者医療制度）	75歳以上の高齢者を対象。

図表 5 − 2 公的医療保険制度の仕組み

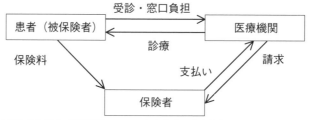

（出所）厚生労働省「我が国の医療保険について」を参考に著者作成。

を自己負担として支払うこととなる。保険証を使わない診療の場合，いわゆる自由診療の場合はこの限りではない。

　全国民が公的医療保険に加入するが，加入する保険は職業や年齢によって異なる。医療保険制度の種類としては**図表 5 − 1**に挙げた種類がある。

　公的医療保険制度の仕組みは**図表 5 − 2**の通りである。患者は保険証を提示して診察を受け，窓口負担として後述する**図表 5 − 3**に該当する割合の自己負担を支払う。医療機関は，残りの割合を保険者に対して請求することとなる。保険者は加入者から集めた保険料および国庫負担を財源として医療機関に残りの割合を支払うこととなる。

　保険料の負担については，加入する保険で異なる。健康保険の場合，保険料は被保険者の収入に応じて決められる。収入にそのまま保険料率が掛けられるのではなく，収入に応じて設定された標準報酬月額や標準賞与額[3]に対して保険料率が掛けられて保険料が徴収される仕組みである。従って，収入が多くなればなるほど保険料負担は大きくなる。組合管掌健康保険（組合健保）の場合は，保険料率の幅は30/1000〜130/1000までの範囲であり，組合の実績によっ

て決定される。保険料は事業主と本人が負担し，必ずしも労使折半ではない[4]。

　元々国で運営されていた保険（政府管掌保険）は全国健康保険協会（協会けんぽ）となり，2009年9月から都道府県単位で保険料率を定めることとなった。医療費負担や高齢者医療制度への拠出金が多くなれば保険料は引き上げられる仕組みとなっている。佐賀県が10.61％と高く，新潟県で9.86％と低く，全国平均で10.00％である（2018年度）。保険料は事業主と本人の労使折半である。

　健康保険組合の財政状況は厳しく，組合全体数の内41.6％（2017年度）が赤字となっている。これは，高齢化による医療費の伸びにより，高齢者医療制度への支援金の負担が大きいためである。組合健保は実績により保険料を設定するため，収支の改善のために多くの組合が保険料を引き上げることとなった。組合健保の財政状況の悪化の結果としてもたらされるのは健康保険組合の解散である。今後は，医療費の上昇に伴い，支援金の負担増に対して健保組合を維持できず，協会けんぽに移る企業が増えることが考えられる。

　自営業者などが加入する市町村と都道府県が保険者となる国民健康保険（国保）の保険料は，給付にかかる費用や国庫負担などを考慮して決定される[5]。保険料率は，世帯ごとの前年度の所得で決まる。多くの自治体ごとに保険料は異なるが，上限は一律的に国によって決められており年間80万円（2019年度）となっている[6]。事業主と折半とはならないことに加え市町村の財政状況によっては被用者保険よりも負担は大きいものとなる。また無職や非正規労働者が加入者の多くを占め，病気になるリスクの高い人が多いため，それが国保の保険料を高めているとも言える。加えて，国庫負担の削減もあり，国保の財政は今後も厳しい状況が続くことが予想される。

2　自己負担

　医療保険で医療機関にかかる場合，必ず保険証を持参して診療を受けなければならない（保険診療）。このとき，被保険者は医療費の一部負担金だけを支払い，残りの医療費は保険者が負担する。被保険者にとっては，医療という現物の給付を受け取ることになる（療養の給付）。この一部負担金は年齢によって図表5-3に示されるように異なっている。

図表 5 - 3 医療費一部負担の程度（70歳以上について現役並みの所得を得ている者は3割）

区分	一部負担
小学生～70歳未満	3 割
小学生未満	2 割
70歳以上～75歳未満	2 割
75歳以上	1 割

ただし，どのような場合でも健康保険を用いた保険診療を受けられるというわけではない。保険が使えないケースとしては，

① 業務上や通勤中の病気やけが（労災保険の対象となる）

② 交通事故など第三者の故意・過失による病気やけが（けが・病気を負わせたものが治療費を負担する）

③ 自殺未遂など自分の故意による病気やけが

などが挙げられる。

また，美容整形や正常分娩，健康診断，予防接種なども保険診療が適用されない[7]。

一部負担金の支払いで済むことにより低い費用で診療を受けることができる公的医療保険の仕組みの意義は大きい。しかし，重い病気やけがなどで長期入院したり，何度も治療を受ける場合には，一部負担金が高額になる。医療費の自己負担額が高額になったときのためにあるのが高額療養費制度である。

図表 5 - 4 で自己負担限度額が示されているが，より分かりやすくするために，具体例を使って説明したい。

医療機関や薬局の窓口で支払った額が，月単位で一定額を超えた場合に，その超えた分が支給される。例えば，70歳未満で年収約370万～約770万円の人が医療にかかった場合を考える。この時，100万円の医療費がかかり，窓口負担が3割の30万円であった場合，自己負担の限度額は

「80100＋（1000000－267000）×1％＝80100＋7330＝87430円」

となる。従って，

「300000－87430＝212570円」

図表 5 - 4　高額療養費制度

所得区分	ひと月あたりの自己負担限度額（円）
年収約1160万円〜	252600 ＋（医療費 − 842000）× 1 ％
年収約770万〜約1160万円	167400 ＋（医療費 − 558000）× 1 ％
年収約370万〜約770万円	80100 ＋（医療費 − 267000）× 1 ％
〜年収約370万円	57600
住民税非課税者	24600または15000

(出所) 厚生労働省「高額療養費制度を利用される皆さまへ」上記は70歳未満の場合。また，多数回に該当する場合はさらに低くなる。

図表 5 - 5　高額療養費の仕組み

医療費100万円

窓口負担30万円

自己負担 87430円 ／ 高額療養費212570円

が高額療養費として支給されることとなる。これらの金額の関係については**図表 5 - 5**のようにまとめられる。

　また，医療費負担を軽減する制度として，その年の 1 〜12月までの 1 年間に，自分や家族が支払った医療費が10万円を超えた時，医療費控除として所得控除でき，所得税負担を軽くすることができる。最高200万円が控除される。算式は「実際に支払った医療費の合計額 − 保険金などで補てんされる金額」から10万円（総所得金額等が200万円に満たない場合は総所得金額等の 5 ％）を除いたものである。

3 国民医療費

　国民医療費とは1年間に日本の国民が当該年度内の医療機関等における保険診療の対象となり得る傷病の治療に要した費用を推計したものであり，43兆710億円（2017年度，国内総生産に対する比率は7.87%）に達しており，上昇が続いている。国民1人当たりの医療費は33.9万円である。

　医療費が増加を続ける理由としては次の3つが挙げられる。1つ目は高齢化が進んだことにより，医療需要が増えていることが考えられる。国民1人当たりの医療費は，65歳未満で18.7万円なのに対し，65歳以上で73.8万円である。65歳以上人口の全人口に占める割合（高齢化率）はおよそ3割に達し，80歳以上の人口も1000万人を超えており，高齢化による医療費増加は今後も続く。

　2つ目は出来高払い制度が挙げられる。医療サービスは診療報酬点数制となっており，医療サービスを医者が患者に対して与えた分に応じて報酬を受け取ることができるため，収入を増やすために，多めの医療サービスを与えることが考えられる。もちろん，過小な医療サービスの供給になるよりは望ましいのかもしれないが，医療費の抑制を考える上では考慮しなければならない問題点ではある[8]。3つ目は高度先端医療や高度医療技術，開発費の高い新薬などに代表される医療の高度化である。

　また，財務省「社会保障について②（医療）」と厚生労働省「医療保障制度に関する国際関係資料について」資料を用いて，諸外国と比較すると，平均在院日数は日本では28.2日であり，諸外国（ドイツ8.9日，フランス9.9日，イギリス6.9日，アメリカ6.1日）に比べると長いことが分かる。また，後発医薬品[9]シェアは日本では59.0%であり，諸外国（ドイツ86.3%，フランス67.6%，イギリス76.6%，アメリカ91.7%）よりもシェアが小さい。従って，日本の医療費を抑制する政策としては，入院日数を短くすることや後発医薬品の使用を促進することが挙げられる。実際，人口10万人当たりの病床数が都道府県の中で最も大きい高知県は全国平均に比べても1人当たり医療費の水準は高い。

　ただ，**図表5−6**を見ても分かるように，日本は先進国の中で最も高い高齢化率となっているにもかかわらず，1人当たり医療費の水準はOECD平均を超

図表5－6　OECD加盟国の１人当たり医療費の状況

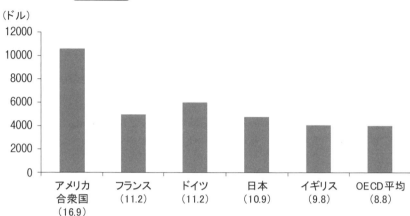

（出所）厚生労働省「医療保障制度に関する国際関係資料について」より著者作成。データは2018年の
　　　もの。かっこ内の数字は国内総生産に対する医療費の比率である。

えているもののそれほど大きい水準とは言えない。これは医療サービス価格を
決める診療報酬を自由に決められないことがあることと，医療費の増加を抑え
るためにその診療報酬自体が抑えられていることが理由の１つとして挙げられ
る。

4　診療報酬

　鳥海・岡本・田淵（2014）では，診療報酬とは保険医療機関等が行う診療行
為に対して公的医療保険から支払われる報酬であると説明している。この診療
報酬は，２年に一度改定され，中央社会保険医療協議会で議論され厚生労働大
臣が決定するものである。より具体的に菊地・及川（2012）を参考に説明すれ
ば，診療報酬とは医療サービスと材料の料金であり，医療保険から医療機関に
支払われる医療費のことである。手術，検査，投薬など，約2500種類の診療行
為の料金を保険点数（１点＝10円）として細かく定めている。
　保険診療を行う場合，医療機関はこの診療報酬に基づいて請求することとな
る。この診療報酬は全国統一の公定価格であり，勝手に請求額を変えることは
できず，患者が負担を下げようと値切り交渉することもできない。

　この診療報酬の改定の過程は次の通りである。はじめに、診療報酬全体の増減額を決める。これはいわば大枠と言える。そして、その大枠を決めた後に、個別の診療、医薬品（薬価）に関する価格を決めていく。医療サービスの価格である診療報酬は医療サービスを供給する供給者の行動に大きな効果を与えるものといえる。ある特定の診療を抑えるために、診療報酬を引き下げ、その診療を行うインセンティブを低めることが可能である。医療サービスを供給してもその単価が低ければ、積極的にその種類の医療サービスを供給することはないだろう。そのようにして、国全体の医療サービスの提供をコントロールすることができるのである。

5　混合診療

　混合診療とは保険診療と自由診療（保険を使わない自己負担での診療）を組み合わせた診療であり、日本では原則として禁止されている。もし、混合診療を行った場合は、保険診療の部分も含めて全額が自己負担となる。ただし、自由診療でも、「評価療養（先進治療など）」と「選定療養（差額ベッド代など）」に当たるものは混合診療を認めている。

　図表5－7に示されるような診療を受けた場合を考える。混合診療禁止の場合は保険診療の部分も全額自己負担となるので、自己負担総額は30万円＋70万円＝100万円である。

　混合診療が認められる場合、保険診療の部分は一定の自己負担の割合だけ払えば良い。自己負担が3割の場合は、30万円×0.3＝9万円となる。従って、自己負担総額は9万円＋70万円＝79万円となる。

　さらに、高額療養費の対象となる場合、例として、年収約370万～約770万円の場合で考えると、保険診療部分の自己負担上限額は、

　「80100＋（300000－267000）×1％＝80100＋330＝80430円」

図表5－7　混合診療の費用負担

保険診療30万円	保険外診療70万円

となる。従って，自己負担総額は「80430円＋700000円＝780430円」となる。

　混合診療が広く認められた場合，自由診療を行うための費用的なハードルが低下することになる。その結果，医療機関が利益を多く得るために医療サービスの供給者によって自由診療が多く行われてしまうことになりかねない。すべての者が医学の知識を持っているとは限らず，その治療が必要か必要でないかは患者自身にとって判断が難しい。また，自由診療は未承認薬を利用することもできる。自由診療のハードルが下がることは安全性の問題からも検討しなければならない。さらに，混合診療が解禁されれば，保険診療部分の費用が増えるために，現状よりもさらに公的医療保険の財源の問題が明るみになる。ただでさえ国民医療費が上昇している中で，さらに財政を圧迫する仕組みを導入するのは難しいかもしれない[10]。

6　後期高齢者医療制度

　75歳以上の高齢者は後期高齢者医療制度という公的医療保険に加入することとなる。後期高齢者医療制度を運営するのは都道府県ごとに設置されている広域連合である。財源は**図表5－8**にもあるように，公費負担が5割となっており，後期高齢者支援金（他の医療保険からの財政支援）が4割，高齢者自身の保険料が1割となっている。後期高齢者はこの保険に加入して自己負担1割（原則）を支払い，医療サービスを受けることとなる。9割の部分が図表5－

図表5－8　後期高齢者医療制度の財源

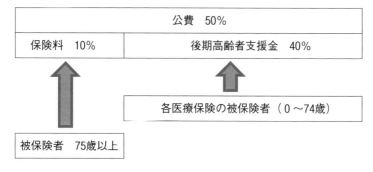

8のような財源構成で賄われているということである。

　後期高齢者医療制度の特徴は，財源のうち1割を75歳以上の者が負担しなければならないことである。この場合，医療費自体が上昇すれば，保険料も引き上げられることになる。長寿によって医療にかかる機会が増えれば，医療費がかさむことになり，保険料の引き上げにつながることが想像できる。保険料を高齢者にもしっかり負担させることによる財源の確保が狙いであると言える。高齢者にとって保険料負担は大変であると考えられる。また，後期高齢者だけで保険制度を作るとなると，健康リスクの高い者ばかりとなるので，高齢化に伴い，保険料はますます高くなることが予想される。それでは保険が上手く機能するとは言えない。健康リスクの低い現役世代と合わせることによって保険料負担の伸びを抑えられる。ただし，後期高齢者医療制度には現役世代は被保険者に入っていないが，支援金という形で拠出しているので，高齢者だけで負担金を出し合っている保険とは異なるものと言えるだろう。

　高齢者の公的医療保険の仕組みは後期高齢者医療制度だけではなく前期高齢者医療制度というものがある。前期高齢者医療制度とは，65歳〜74歳の高齢者を対象とした，被用者保険（健康保険組合等），国民健康保険間の医療費負担を調整するための制度である。具体的には，高齢者の加入が多い国民健康保険では制度の医療費負担が大きいため，他の健康保険（協会けんぽや組合健康保険など）より財政支援を受ける形の再分配の仕組みである（**図表5−9**参照）。国民健康保険はこの制度では受け取る側となるものの，協会けんぽや組合健保では，支払う側となるため，後期高齢者支援金に加え，前期高齢者納付金も支出しなければならず，これが協会けんぽや組合健康保険などの財政負担をもたらしていると言える。

図表5−9　前期高齢者医療制度

国民健康保険（高齢者多い）

 前期高齢者納付金という形で財政支援

被用者保険（協会けんぽ，組合
健康保険など，高齢者少ない）

7　日本の公的医療保険制度に問題はないか

　保険料を支払うことによって保険証をもらい，その保険証のおかげで低い自己負担で医療サービスを受けることができる。この仕組みのおかげで安心して医療を受けることができる。しかし，この仕組みはすべての者にとって利用できることを保障しているのか。例えば，保険料を支払わなかった，支払えなかった場合，保険証をもらうことはできなくなる。この場合，全額自己負担で医療費を支払わなければならなくなる。大きな費用負担が医療サービスを受けにくくしている現実もあるのだ。このような問題については，次章で扱いたい。

■注

1）国民皆保険制度の歴史に関しては日本医師会「国民皆保険制度の歴史」を参照。

2）国が病院と診療所の役割分担を推進するために定めた特定療養費制度というものがある。それは，他の病院や診療所からの紹介状なしで200床以上の病院で受診した場合，初診料とは別に各病院がそれぞれ徴収できる医療費である。従って，追加的な費用がかかることを考えると厳密にはフリーアクセスともいえないとも言える。

3）標準報酬月額とは被保険者が事業主から受ける毎月の給料などの報酬の月額を区切りのよい幅で区分したもので全50等級に区分されている。

4）詳細は健康保険組合のホームページを見ると良い。本書は日本年金機構健康保険組合のホームページを参考にしている。

5）ここでは市町村が運営する国民健康保険を説明しているが，同業種によって組織される国民健康保険組合というものもある。

6）厚生労働省「国民健康保険の保険料（税）の賦課（課税）限度額について」参照。実際，市町村によって上限保険料額は異なる。

7）経済的な理由による人工妊娠中絶および避妊手術なども含む。ただ，正常分娩については療養の給付というのは支給されないが，出産育児一時金として給付されることとなる。

8）河口（2016）では，包括払いから出来高払いにすることによる医療供給の増加について明らかにした先行研究を紹介している。また，行き過ぎた包括払いは供給すべき医療供給が行われず，問題をもたらすことも示している。

9）後発医薬品（ジェネリック医薬品）とは，特許が切れた先発医薬品と効果が同等であるものとして製造販売が承認されたものであり，一般的に，特許が切れているため，開発費用が安く抑えられることから，先発医薬品に比べて薬価が安いといった特徴がある。

10）混合診療の導入については議論が進んでおり，患者からの希望に基づき，保険診療と保険外診療の併用を認めるという「患者申出療養」という混合診療の仕組みが検討の後，導入された。

第6章

公的医療保険制度の問題と
海外の医療保障制度
──公的医療保険制度②

本章の目的

　日本の公的医療保険制度は保険証１枚あれば，低い自己負担で医療にかかることができ，安心して医療サービスを受ける環境を整えていると本当に言えるのか。また，公的医療制度は持続可能であるのか。本章では，これらの問題を考えるために，公的医療保険制度の１つである国民健康保険の問題を取り上げたい。さらに，海外の医療保障制度を紹介することを通じて，今後の日本の公的医療保険制度はどうあるべきかを考えたい。

1　国民健康保険

　本節では，主に自営業者などが加入する市町村が運営する国民健康保険の問題について説明する。ここでは問題点として，財政問題と保険料未納問題の２つを挙げたい。なお，国民健康保険の保険者はかつて市町村のみであったが，2018年度からは都道府県も保険者として加わることとなった。この背景は，市町村国保の財政的な問題があった[1]。

　はじめに財政事情について見てみる。厚生労働省「平成29年度国民健康保険（市町村）の財政状況について」によれば，保険料の収納率の推移を見ると減少傾向にある。特に景気が悪い時期（近年ではリーマンショック）となると，その収納率は大きく下がると考えられる（88.01％まで低下した）。しかし，ごく近年を見てみると，収納率は上昇しており，景気の回復が理由として考えられる。滞納率を見ても，減少傾向にあるが，2018年では全世帯に占める滞納世

図表 6 − 1 国民健康保険の財政[2]

収入	15兆7664億円	支出	15兆2801億円
保険料収入	2兆7792億円	保険給付費	9兆69億円
前期高齢者交付金	3兆7556億円	後期高齢者支援金	1兆6595億円
都道府県支出金	1兆1349億円	介護納付金	6337億円
一般会計繰入金（法定分）	4663億円	共同事業拠出金	3兆3695億円
（法定外分）	2540億円	など	
国庫支出金	3兆3591億円		
共同事業交付金	3兆3718億円		
など			

（出所）厚生労働省「平成29年度国民健康保険（市町村）の財政状況について」より著者作成。

帯の割合は14.5％となっている。

　図表 6 − 1 は国民健康保険の財政状況を示したものである。決算補てんを目的とする一般会計繰入金を除いた場合の清算後単年度収支差引額は450億円の赤字，国民健康保険における赤字保険者の割合は20.7％となっている。国民健康保険の加入者の1人当たり医療費は，協会けんぽや組合健保に比べると多い。これは国民健康保険では高齢者の加入者が多く，平均年齢52.9歳と他の医療保険制度の加入者に比べて高いことが理由の1つとして挙げられる。このように国民健康保険は医療費がかかることから他の健康保険から前期高齢者納付金を受け取る主体となっている。

　国民健康保険は図表6−1を見て分かるように，保険料収入と税負担などで主に賄われている。従って，支出を一定とした下で国民健康保険の財政を健全化するためには保険料の引き上げか，税負担の引き上げを行わなければならないであろう。しかしながら，市町村国民健康保険の加入者1人当たり平均所得は84万円と協会けんぽや組合健保よりも低いことが分かる（**図表 6 − 2**）。従って，なかなか保険料引き上げという形での解決は難しいだろう。かといって，他の健康保険からの財政移転を増やすとなると，現役世代の健康保険料の負担増にもなるし，税負担を増やすとなると，増税による国民の負担増ともなるだろう。

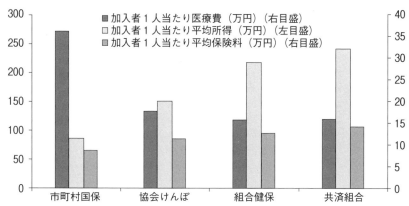

図表6－2　各保険者の比較

（出所）厚生労働省「我が国の医療保険について」より著者作成。

市町村国保の場合，保険料は，

①　所得割（前年度の世帯所得に応じて負担額が決定）

②　均等割（被保険者の人数に応じて負担額が決定）

③　平等割（世帯ごとに負担させる）

の合計である[3]。これら医療分の他に後期高齢者支援金分と介護保険料の分が加わる事となる。なお，国民健康保険での被保険者とは，厚生労働省の資料によれば，「原則として被用者保険等の適用者以外の国民すべて」である。一方で，被用者保険の場合は異なる。被扶養者の人数によって保険料が変わることはない。保険料負担の扱いはこのような差がある。また，国民健康保険の加入者は自営業者だけではなく，無職である者，パート，アルバイトなどの非正規雇用で働いている者も該当する[4]。従って，被用者保険に比べると十分な所得を持っていない者が多いと言える。図表6－2でもあるように平均所得に対して平均保険料が他の公的医療保険に比べて大きいため負担は大きい。また，国民健康保険料も他の被用者保険の保険料と同様にどんどん増えている。

図表6-3 国民健康保険の加入者の職業別構成

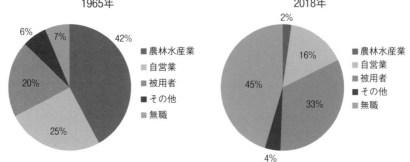

（出所）厚生労働省「国民健康保険実態調査」より著者作成。

　図表6-3で示されるように職業構成として無職や被用者（パート，アルバイトなどの非正規雇用）が増えている現状では，十分な保険料収入を得ることは難しい。国民健康保険の保険料の最高額は，山岡（2011）でも示されているように，異なっており，保険料収入を集めるのに苦しい市町村では高めになっていると考えられる。厚生労働省の資料では都道府県別の保険料が示されており，2017年度のデータでは徳島県が14.6万円と最も高く，埼玉県が10.3万円と最も低い。

　国民健康保険料を支払うことができず，滞納してしまった場合は保険証を取り上げられ，国民健康保険被保険者資格証明書が発行されることとなる。この場合，窓口では全額の医療費を支払うこととなる。その後で，役所で自己負担分を除いた分を還付するという仕組みであるが，滞納した保険料の支払いを行わなければならない。従って，保険料が支払えなくなってしまった場合，保険証を使った保険診療を受けることができなくなることとなり，医療にアクセスできず大変危険な状態になる。このような場合は，直ちに生活保護を申請するなどして公費で医療にかかれるようにすべきである[5]。

　国民健康保険の保険料収入をこれ以上引き上げて保険料収入を増やすことは難しいことは上述の通りである。従って，公費負担を引き上げる（税の投入分を増やす）という政策が妥当であると考えられるが，その公費負担としての国庫支出金は削減されている。さらに，2004年度から2006年度にかけて行われた

三位一体の改革として，政府は国庫支出金の削減の代わりに税源移譲を行った。その結果，市町村が自由に使えるお金が増える一方で，国民健康保険のためにお金が確保されることはなくなった。税収増加が見込めない市町村にとっては実質的に負担増加である[6]。

2　海外の医療保険制度

海外の医療保障制度はどのようになっているのか。日本は社会保険方式であり，保険料を納付して公的医療保険による医療保障を受けることとなる。このような社会保険方式の国はドイツやフランスなどがある。また，日本は国民皆保険となっており，フランスも国民皆保険の仕組みであるが，ドイツは異なる（全国民の約87％が加入）。日本は社会保険方式ではあるが，実際は国庫負担といった税財源が投入されている。しかし，スウェーデン，イギリス，カナダは全額税方式であり，保険料負担は存在しない。また，イギリスは医療にかかる際の自己負担は原則なしである。

日本の国民健康保険の問題として，保険料を払うことができず，保険証を取り上げられ，その結果，医療サービスを受けることができないといった問題は，そもそも保険料を払わなければ権利を得られない社会保険方式ではなく，保険料を払う必要のない全額税方式であれば，存在しないと考えられる。また，自己負担が存在しないというのも医療にアクセスしやすい環境となっていると言える。

アメリカは高齢者および障害者等を対象とするメディケアと低所得者を対象とするメディケイドが公的医療保障の仕組みとして存在する。しかし，それらの対象に当たらない一般の所得階層以上の国民が加入できる公的医療保険制度はなく，民間の医療保険に加入しなければならない。しかしながら，既往症などを理由に高額な保険料が必要である場合やそもそも保険に入れないなどの理由でいかなる医療保険の適用も受けていない国民が2746万人（人口の8.5％ 2018年）存在する。そこで，オバマによる医療制度改革として，2010年3月に医療保険改革法が成立した。内容は，①既往症などによる保険加入拒否や不合理な保険料設定の禁止など，民間の保険会社への規制，②個人の保険加入の義

務付け，③メディケア・メディケイドの拡充，効率化である。ただし，このような改革は大きな財政負担を伴う[7]。

次に，武内・竹之下（2009）などを参考に，日本の今後の公的医療保障制度のあり方を考える上でもイギリスの全額税方式の仕組みを説明したい。イギリスの医療制度はNHS（National Health Service）と言われるもので1948年に発足された。日本と似ている点は，①治療だけでなく，予防やリハビリも含めた包括的なサービスを全国民に保障していること，②所得や環境の違いにかかわらず誰でもサービスを受けられることである。

一方，日本と異なる点は，①社会保険方式ではなく税方式で運営されていること，②治療には原則として自己負担は存在しない，③まず地元の診療所でかかりつけ医の診療を受ける必要があること（日本の場合は保険証1枚でどこでも診療を受けることができるフリーアクセス）である。

診療の流れは**図表6－4**に示す通りである。まず，患者・地元住民で医療にかかる場合は，1次医療として，かかりつけ医（GP：General Practitioner）の診療を受ける。その中で，より高度な医療機関での診療が必要となった場合に，病院を紹介（受診した患者の2～5％）する。専門病院の方が高度な医療を行うために医療単価は高いが，医療費全体の3分の1がかかりつけ医で使われる。

このイギリスの医療制度には問題点も存在する。それは，医療の質の問題である。具体的な例を挙げると，待機患者の多さである。健康保険組合連合会の資料では待機患者が多いことが示されており，2009年で入院の待機患者は24万人程度（8週間以上），平均の待機期間で6.2週間である[8]。これでも医療費の

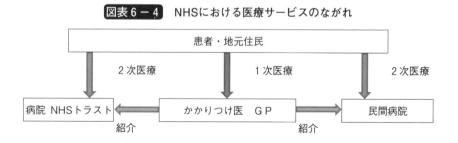

図表6－4 NHSにおける医療サービスのながれ

予算が抑えられていた1990年代後半に比べれば少なくなった方である。1990年代後半は医療費対GDP比が減少し続けた。その結果，医療に対する公的支出が十分に行われないことから医療の質が低下し，待機患者は非常に多くなった。入院の待機患者数は120万人を超え，平均の待機期間は19.9週間であった。

　1990年代の医療の質の低下は，政府が医療に対する公的支出を抑制したことが原因となり，その後は積極的に増加させた。また，報酬の支払いとして包括予算方式から追加的サービスを行うインセンティブを持たせるような報酬体系への見直しも行われた。その結果，医療の質は向上したと言える。一方で，改革による医療費への配分増加が無駄遣いの温床となっているという指摘もある。

3　公的医療保険の今後はどうなるか

　わが国では公的医療保険制度のおかげで保険料を払えば低い自己負担で医療サービスを受けることができる。このような仕組みを維持していくことは必要である。しかし，少子高齢化に伴い，医療費は上昇を続けており，財政の持続可能性の観点から制度改革を行わなければならないことは明らかである。さらに保険料を引き上げるか，しかし，保険料をずっと引き上げ続けるのは難しいので，この政策に頼り続けることはできない。自己負担を引き上げる方法も低い自己負担で医療にかかれず，医療アクセスの面からも問題となる。国庫負担を引き上げることも一筋縄ではいかないであろう。

　可能な政策としては，無駄な医療を省くことであろう。過剰な治療を抑えることによって医療費を削減する。そのためには，診療報酬の出来高払いを見直す必要があるかもしれない。しかし，包括払いのようにすれば，イギリスでの医療の質の低下が見られたように，医療サービスの過少供給となりかねない。それは結果的に公的医療保険の財政状況を健全化するものではあるが，はたして公的医療保障の仕組みと言えるであろうか。

　高齢化だけが問題ではない。国民皆保険と言いながら，国民健康保険の保険料の未納により保険証が与えられず，医療サービスを受けることができないという問題も重要な問題である。国民健康保険の財源基盤をより強くするために，運営主体を市町村ではなく都道府県にすることが決まっている。しかし，一時

的に，これまで赤字であった国保団体はこの改革によって黒字化しても，社会全体が少子高齢化の傾向であれば，いずれ収支のバランスは崩れ，保険料を引き上げなければならない羽目に陥る可能性は大きい。

　どのような解決策が望ましいのか，なかなか結論を出すことは難しい。

■注

1）詳細は公益社団法人国民健康保険中央会「新たな国保制度の概要」を参照。

2）赤字額の算出は単に収入から支出を引いて求めているものではないことに注意。算出方法は資料参照。なお，共同事業交付金とは市町村の財政基盤の安定化のために設けられたものである。

3）多くの市町村ではこれらの基準によって保険料が決められている。具体的な計算の方法については市町村のホームページを見てみると良い。なお，市町村によってはこれらの基準以外に資産割というのもある。

4）被用者保険の加入は4分の3要件というものがあり，正社員の4分の3以上の労働時間の場合に被用者保険に加入できるものであり，非正規雇用のすべてが国民健康保険であるとは限らない（中尾・中尾（2012）『図解わかる年金』参照）。

5）山岡（2011）や矢吹（2003）では，国民健康保険の保険料を滞納したことにより医療にアクセスできないことがどのような悲惨な結果をもたらすかを説明している。

6）三位一体の改革の詳細については出井（2008）参照。

7）アメリカは民間の医療保険が中心なので，医療費の公費負担の大きさは小さいように思えるが，吉田（2009）でも示されているように，アメリカの医療における公的給付の対GDP比（7.9％）は日本（9.1％）と比べるとそれほど大きな違いはない（データはOECD Health Data 2020で2013年を参照）。

8）イギリスには患者の自己負担となるプライベート医療というものがある。全額自己負担ではあるが，待ち時間がないというものである。

第 7 章

公的医療保険制度の必要性
——公的医療保険制度③

> **本章の目的**
>
> 日本だけでなく多くの国で公的医療保険制度として政府が医療保障を行っている。一方で民間の保険会社による医療保険も提供されている。アメリカはその典型例である。民間の保険会社による医療保険ではだめなのか。医療保険制度が公的に運営される必要はあるのだろうか。河口（2016）を参考に，その理由を①リスク分散，②逆選択，③リスク選択，④外部経済の観点から説明したい。

1 リスク分散

　火災によって自分の住む住宅が燃えてしまった場合，また費用を払って住宅を購入しなければならない。この住宅の購入費用が1000万円とすると，住宅を購入する場合は火災というもしもの場合に備えて1000万円用意しなければならない。火災が発生する確率は低いが，火災の可能性があると考え，この費用を用意するのは大変である。そこで，火災保険の出番である。保険会社が1人1万円の火災保険を1000人に売る。それによって，1000万円を集めることができる。その1000万円を実際に火災にあって1000万円必要とする人に保険給付として給付すれば，1000万円を用意しなくても，保険のおかげで1万円の負担で1000万円の補償を受けられるのである。これが小さな費用で大きな保証であり，リスク分散と言われる仕組みである。

　健康状態には常に不確実性が伴い，いつ病気やケガをして治療が必要になるか分からない。また，病気やケガによって多額の治療費だけでなく働けなくなり収入が得られないといったこともある。しかしながら，このような場合に対

して医療保険があり，小さな費用で医療費の負担や働けなくなったことによる収入損失に対して補償が行われることとなる。

　このリスク分散効果について期待効用理論を用いて説明したい。ある個人は現在100万円の所得を持っている。この個人は次のような不確実性に直面している。この時，個人は①と②のどちらかの状態になる。

①　1／2の確率で病気になり治療費が100万円かかる。このとき，手持ちの所得はゼロとなる。

②　1／2の確率で病気にならず，手持ちの所得は100万円のままとなる。

　期待所得（ある事象が生じる確率に応じた収益の加重平均値）は，

「0.5×0円+0.5×100万円=50万円」

となる。この個人はリスク回避的な個人（所得の期待値が等しければ，確実な所得から得られる効用の方が不確実な所得から得られる効用より大きい個人）であるとし，効用関数を$u=\sqrt{I}$と仮定する（u：効用　I：所得）。この時，期待効用（ある事象が生じる確率に応じた効用の加重平均値）は，

$$Eu=0.5\times\sqrt{1000000}+0.5\times0=0.5\times1000=500$$

となる。

　保険料Cを払えば，病気になった時の治療費の負担が一切なくなる場合，保険料Cがいくら以下であれば，この個人は保険に加入するかを考える。

　図表7-1について見方を説明したい。所得0円と1000000円で結ばれている直線は期待効用である。1／2の確率で0円となり，1／2の確率で1000000円となる場合の効用はちょうど真ん中の効用500である。期待効用とは所得が確定しない不確実な時の効用を示しているのである。

　一方で，曲線は確実な所得から得られる効用を示しており，既に説明された効用関数$u=\sqrt{I}$である。保険料を払うことで医療費の負担が一切なくなることで病気になってもならなくても確実な所得を得ることができる。

　確実な所得は保険料Cを支払うことによって可能なものとなる。不確実な所得で得られる効用よりも大きい限り，この個人は保険に加入すると考えられる。

　保険料Cを払った場合の所得は$I=1000000-C$，効用は$u=\sqrt{1000000-C}$である。従って，次の式が成立する限り保険に加入することになる。

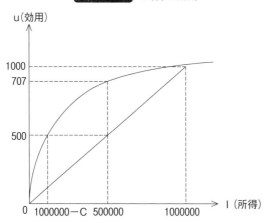

図表 7 - 1　所得と効用

$500 \leqq \sqrt{1000000 - C}$ より $250000 \leqq 1000000 - C$　従って　$C \leqq 750000$

保険料が75万円以下であればこの個人は加入することになる。

　もし，この個人の病気になる確率が0.1で健康のままである確率が0.9である場合の期待効用は，

$$\mathrm{Eu} = 0.9 \times \sqrt{1000000} + 0.1 \times 0 = 0.9 \times 1000 = 900$$

である。従って，次の式が成立する限り保険に加入することになる。

$900 \leqq \sqrt{1000000 - C}$ より $810000 \leqq 1000000 - C$　従って　$C \leqq 190000$

保険料が19万円以下であればこの個人は加入することになる。

　もし，この個人の病気になる確率が0.5で健康のままである確率が0.5，ただし病気になった時の治療費が36万円であった場合の期待効用は，

$$\mathrm{Eu} = 0.5 \times \sqrt{1000000} + 0.5 \times \sqrt{640000} = 0.5 \times 1000 + 0.5 \times 800 = 900$$

従って，次の式が成立する限り保険に加入することになる。

$900 \leqq \sqrt{1000000 - C}$ より $810000 \leqq 1000000 - C$　従って　$C \leqq 190000$

保険料が19万円以下であればこの個人は保険に加入することになる。このように保険が存在することによって不確実性への備えが可能となり，個人の効用を引き上げられる可能性がある。この保険の提供は必ずしも公的医療保険として運営するのではなく民間の医療保険としての提供も可能である。

ではなぜ公的医療保険制度が必要なのか。民間の医療保険は任意加入であるが，公的医療保険は強制加入である。加入を強制にすることによって様々なリスクの個人を含めることになるので，リスク分散が上手く機能する。公的医療保険の場合は，自己負担については所得水準や高額療養費制度などで，多く医療にかかる者ほど負担は軽くなるといった所得再分配機能も合わせ持っていると言える。

2 逆選択

保険の売り手と買い手の間には情報の非対称性が存在する。保険の買い手は自分がどのような健康状態なのかが分かるのに対し，保険の売り手は分からない。このときに一定の保険料を支払うことによって医療費を負担する保険を売り出した場合，その保険を購入するのは，その保険を購入した方が得だという者である。

購入が損だと考える者はあまり病気になることがなく，保険料負担がもったいないと考える者である。すなわち健康的な者である。購入が得だと考える者は病気がちで，保険料を負担しても元がとれると考える者である。すなわち健康的ではない者である。

このとき，保険契約を行う者は健康リスクの高い者のみとなり，保険会社は保険支払いが多くなり，保険の運営ができない。さらに保険料を引き上げたとしても，その保険料に見合う健康リスクの高い者だけが加入することになり，保険の運営は不可能である。このような現象を逆選択といい，民間保険が上手く機能しないのである。

逆選択の問題を具体的に考えるために次のような①〜③で与えられる数値例を考える。

① 健康的な個人は病気になる確率が1／2であり，病気になった時の費用が

4万円とする。

② 健康的でない個人は病気になる確率が1/2であり、病気になった時の費用が20万円とする。

③ 健康的な個人は2人、健康的でない個人も2人で合計4人とする。

このとき、健康的な個人と健康的ではない個人がそれぞれ1名病気になるとすると、費用の総額は20万円＋4万円＝24万円である。これを4人で均等に割り、保険料とすると保険料＝24万円÷4＝6万円となる。従って、健康的である個人は自分で負担した方が良いと考えるので保険に加入しない。結果的には保険に加入するのは健康的ではない個人である。

3　リスク選択

民間の保険会社は逆選択によって損失を受けないように様々な措置を行っているが、それは、情報の非対称性を無くす行動である。具体的には、加入前の健康診断の受診、既往症などの告知義務などが挙げられる。得られた情報をもとにして、利潤を高めるために民間の保険会社はできるだけ健康な人に対して医療保険に加入してもらうようにするだろう。健康状態が悪い人に対しては高い保険料を支払う医療保険を販売するであるとか、そもそも医療保険に加入させないといったことが考えられる。この場合、健康的でない人はなかなか保険に加入できないことになる。医療保険が必要な人ほど医療保険に加入できないということになる。また、健康的でない人は仕事なども制約されがちであることなどから、所得水準が低い場合も多く、何らかの対策が必要である。実際、公的医療保険は健康状態に関係なく強制加入であるし、公的医療保険には傷病手当金といった形での収入損失に対する一部補償の仕組みがある。

4　外部経済

外部性（外部効果）とは、ある経済主体の選択が市場を介さずに他の経済主体に与える効果である。良い影響を外部経済、悪い影響を外部不経済という。医療サービスは外部経済をもたらす。

　ある個人が早期に治療を行うことにより感染症の拡大を予防できる。その結果，他の人が感染症にかからないことによって医療費が節約できたり，働くことができたり，健康に過ごせるので社会全体に良い影響を与える。

　医療サービスに補助がない場合，医療サービスの価格はBであり，医療サービスの取引量は需要曲線との交点のCで与えられる。この時，消費者余剰はABCとなる。医療サービスによる社会全体への良い影響は医療サービス1単位当たりBDとすると，外部経済の大きさはBCEDとなる。消費者余剰と外部経済の合計である社会的余剰はADECとなる[1]（**図表7－2**）。

　ここで，医療サービス1単位に対してBDの分だけ公的医療保険による医療費の補助を行うとする。この時，医療サービスの価格はDに下がり，需要曲線との交点Fで医療サービスの取引量が与えられる。この時，補助金総額はBDFGとなり，外部経済の大きさもBDFGとなる。消費者余剰はADFとなる。社会的余剰は，消費者余剰に外部経済の大きさを加えたものから補助金総額を引いたものとなり，ADFとなる。この結果，CEFの分だけ補助前に比べて余剰が増加する。すなわち，社会厚生を引き上げる効果を持つことが分かる。

図表7－2　医療サービスの外部経済

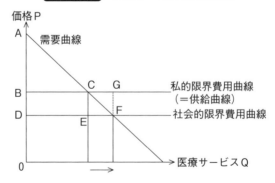

保険なし	保険あり
・消費者余剰＝ABC	・消費者余剰＝ADF
・生産者余剰＝なし	・生産者余剰＝なし
・外部経済＝BCED	・外部経済＝BDFG
・社会的余剰＝ADEC	・補助金＝BDFG
	・社会的余剰＝ADF

5　公的医療保険とモラルハザード

　強制加入の公的医療保険がなぜ必要であるのかについて説明したが，公的保険に限らず民間保険でも起こり得る問題としてモラルハザードという問題がある。モラルハザードとは，契約の成立そのものが人間の行動を変化させ，契約前に想定した条件が適合しなくなることをいう。契約の相手がとる行動が観察できないという情報の非対称性が存在するために引き起こされる。健康保険に入ったことによって加入者が些細なことで通院するようになり，結果として保険会社の支払いが多くなる。これらによって，保険料がさらに引き上げられる可能性がある。モラルハザードを防ぐためにはインセンティブ（動機づけ）が必要である。健康保険で加入者に自己負担させるのは，モラルハザードを防ぐ役割を持っていると考えられる。自己負担の存在により，医療にかかることで自己負担がかかるので，診療を抑えようと考える。

■注
1 ）余剰分析に関する説明は第18章を参照。

演習問題 （第5章〜第7章）

A．次の内容について説明しなさい。

1．日本の医療保険制度の特徴を「国民皆保険」「診療報酬点数制」「フリーアクセス」の観点から説明しなさい。

2．診療報酬とは何かを説明しなさい。

3．近年の国民医療費の増加を「高齢化」「出来高払い制度」「医療の高度化」の観点から説明しなさい。

4．高額療養費制度とは何かを説明しなさい。

5．混合診療とは何かを説明しなさい。さらに日本における混合診療の扱いについて説明しなさい。

6．後期高齢者医療制度の概要を説明しなさい。さらに財源負担について説明しなさい。

7．国民健康保険制度における保険料未納問題によって起きうる問題を説明しなさい。

8．イギリスと日本の医療保障制度の比較を「社会保険方式」「税方式」「かかりつけ医」「自己負担」というキーワードを用いて説明しなさい。

9．イギリスの医療制度において考えられる問題点は何か。

B．医療保険制度の経済分析に関する次の問題に答えなさい。

様々な観点から公的医療保険制度は必要である。

a．逆選択の観点から，公的医療保険制度の必要性を説明しなさい。

b．リスク選択の観点から，公的医療保険制度の必要性を説明しなさい。

c．外部経済の観点から，公的医療保険制度の必要性を説明しなさい。

C．次の問題について考えなさい。

近年の医療費増加により公的医療保険制度の財政的な持続可能性が危ぶまれている。解決するための方策としては，自己負担を引き上げる，保険料を引き上げる，保険診療の範囲を制限するなど様々考えられる。制度の持続可能とするためにはどのようにすればよいか，あなたなりの考え方を述べなさい。

公的介護保険制度の基本的な仕組み
——公的介護保険制度①

本章の目的

　少子高齢化が進む日本では，認知症などにより自立した生活が難しく介護を必要とする高齢者は増加している。介護の形態としては，施設介護と在宅介護があり，在宅介護は家族による家族介護と介護サービスを利用した介護がある。介護保険制度は，介護サービスの利用に対して補助を与えることを通じ，介護サービスの利用を促し，家族介護から介護サービスへの移行を促す制度であると考えられる。介護保険制度とは，どのような仕組みで運営されているのかを本章では説明したい。

1　介護保険制度の財源

　介護保険制度が成立した背景としては，厚生労働省「公的介護保険制度の現状と今後の役割」によれば，介護保険の成立以前では，医療と介護の境界が曖昧であり，行き場を失った孤独老人が病院に身を寄せる「社会的入院」の問題が存在した。それは医療費の増加をもたらす。また，少子高齢社会である日本では，認知症高齢者の増加，介護の長期化，核家族化と老老介護など，介護を取り巻く様々な問題が発生した。そこで，高齢者介護に関係する部分を医療保険制度から分離し，新たな財源を確保した上で，介護に対する社会保障制度としての介護保険制度の成立に至ったと言える。

図表 8 − 1 介護保険制度の仕組み

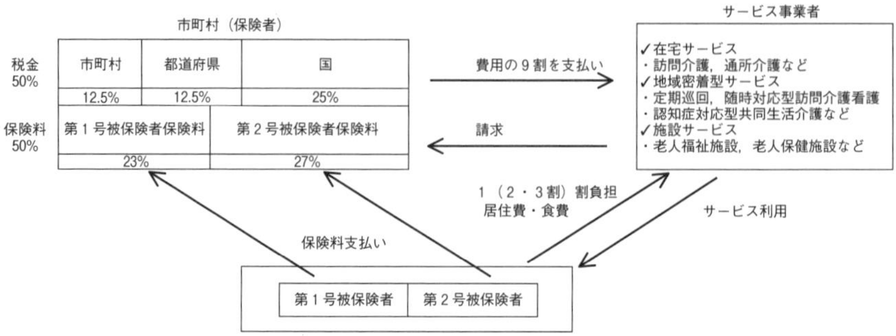

(出所) 厚生労働省「公的介護保険制度の現状と今後の役割」を参考に著者作成。

　公的介護保険制度は2000年4月から施行された。保険者は市町村である。介護保険に加入する被保険者は65歳以上の第1号被保険者（保険料は市町村が徴収で，原則として年金から天引き）と40歳～64歳の第2号被保険者（各医療保険の保険者が徴収）である。仕組みの簡単な説明は**図表 8 − 1**の通りである。

　社会保険方式となっており，保険料を支払うことによって介護給付を受けることができる[1]。財源は，保険料と公費で半分ずつである。介護保険の運営者すなわち保険者は市町村である。介護保険財政の運営は市町村単位で行うが，市町村によっては後期高齢者が多く要介護認定者数が多いことや低所得世帯が多いことから十分な保険料収入を得られないといった問題により介護保険財政が厳しい所がある。介護保険には，調整交付金制度があり，市町村の財政負担が重たくならないよう，そして第1号被保険者の支払う保険料格差が市町村間で大きくならないようにしている。また，見込みを上回る給付費の増加や保険料収入不足が起き，保険者の市町村が赤字補てんを行わなくて良いように，都道府県により市町村に対して貸付が行われる財政安定化基金の制度がある。

　介護保険は3年ごとに見直し（3年が1サイクルで市町村は3年ごとに介護保険事業計画を策定）であり，第1号被保険者の保険料率は3年に一度，条例で定めることになっている。保険料は3年ごとに，事業計画に定めるサービス費用見込み額に基づき，3年間を通じて介護保険財政の均衡を保つように設定される。

図表8－2　介護費用と保険料の推移

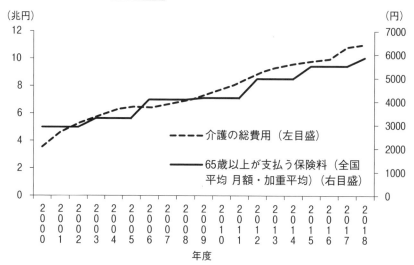

（出所）厚生労働省「介護保険制度をめぐる状況について」より著者作成。

　全国平均で見た65歳以上の第1号被保険者が支払う介護保険料は，介護保険が始まった月額2911円から2018年度では5869円と着実に上昇している（**図表8－2**）。この保険料は市町村単位で決められるため，市町村の介護保険財政の状況によって市町村間で保険料格差が存在することとなる[2]。調整交付金や財政安定化基金の仕組みがあるものの，保険料格差はかなりの水準となっている。なお，保険料負担については応能負担が取り入れられ，低所得者には保険料の軽減の措置がある。

　第2号被保険者の保険料は医療保険料の一部として保険料徴収され，その保険料率はそれぞれ加入する医療保険者が決める[3]。保険料は医療保険者が徴収し各市町村に交付される。なお，第1号被保険者と第2号被保険者の保険料負担の比率については，人口比に基づいて設定される。

　なお，介護保険の受給者は原則として65歳以上の者であるが，特定疾病により要介護状態となった場合は，40歳以上でも給付を受けることができる（**図表8－3**）。

図表8－3 介護保険制度の被保険者

	第1号被保険者	第2号被保険者
対象者	65歳以上の者	40～64歳までの医療保険加入者
人数	3440万人 65～74歳　1745万人 75歳以上　1695万人	4200万人
受給条件	要介護，要支援状態	要介護，要支援状態が末期がん・関節リウマチなどの加齢に起因する疾病（特定疾病）による場合に限定
要介護 （要支援） 認定者数	619万人	13万人

(出所) 厚生労働省「公的介護保険制度の現状と今後の役割」より著者作成。

2　介護サービスの利用の手続き

　介護サービスの利用の手続きは**図表8－4**の通りである。介護保険は，被保険者が要介護状態になった場合に利用することができる。要介護認定は市町村が行う。要介護認定を受けることによって介護保険による介護サービスを利用することができる。介護保険の給付額の上限は要介護の程度により異なる。ケアマネージャーは介護サービス利用計画であるケアプランを作成し，被保険者はケアプランに従って，介護サービスを利用する。

　なお，近年の介護保険制度の改正で総合事業がスタートし，全国一律の予防給付に加え，市町村独自のサービスを提供することが可能となった。また，要介護認定で非該当に認定された場合や一般の高齢者も市町村が独自にサービス提供する介護予防サービスを利用することができる[4]。

　介護保険のサービスを利用するには手続きの順序は次の通りである。

① 　市町村で要介護認定の申請

② 　認定調査または医師の意見書を元に要介護認定を受ける

③ 　介護サービス利用計画（ケアプラン）をケアマネージャーに作成してもらう

図表 8 - 4　介護サービスの利用の手続き

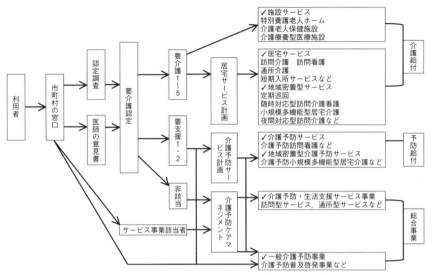

（出所）厚生労働省「公的介護保険制度の現状と今後の役割」より著者作成。

④　サービス事業者が介護サービスを提供

⑤　利用者はサービスの費用の原則 1 割を負担

　介護保険給付により自己負担は原則 1 割であり，利用料金の 1 割を支払う事となるが，給付には限度がある。なお，自己負担については，所得の状況により 2 割または 3 割負担となる。要介護認定により，寝たきりや認知症で介護サービスが必要な場合の「要介護 1 ～ 5」，要日常生活に支援が必要な場合の「要支援 1・2」となった場合，介護保険居宅サービスを利用する場合，月々に利用できる金額に上限が設けられる（支給限度基準額）。限度額の範囲内でサービスを利用したときは 1 割の自己負担で利用可能である。限度額を超えてサービスを利用したときは，超えた分が全額自己負担となる。

　区分支給限度基準額は単位で示されている。この単位数は介護給付費算定の基本となる単位であり，基本的には 1 単位10円である。従って，要介護 1 の場合，1 単位10円で計算すると167650円が支給限度基準額となる。実際は，1 単位10円に地域単価をかけることで，地域ごとで 1 単位当たりの金額は異なることとなる。厚生労働省の資料によれば，介護報酬は人件費などの地域差を反映

図表 8 - 5　区分支給限度基準額

要支援 1	5032単位
要支援 2	10531単位
要介護 1	16765単位
要介護 2	19705単位
要介護 3	27048単位
要介護 4	30938単位
要介護 5	36217単位

（出所）西宮市「居宅サービスは一ヵ月に利用できる上限が決まっています」より著者作成。

させるため，1 単位10円を基本として地域区分を設定し，区分ごとに割り増しを行っている。また，**図表 8 - 5** が示すように要介護度が大きくなるにつれて支給限度額も上昇しているが，これは要介護度が大きくなれば，介護サービスをより多く需要することを反映している。なお，要支援・要介護度の程度については**図表 8 - 6** にまとめている。支給限度額を超えた場合，超えた分は自己負担となる。

　1 割負担といっても低所得の家計にとっては負担が大きい。自己負担がある程度の水準に達した場合は高額介護サービス費の制度がある。例えば，一般の市町村民税世帯課税者であれば，ひと月の上限額は44400円となり，この負担上限額を超えた場合は，超えた分が払い戻されるという仕組みである。

　なお，介護保険を用いた介護サービスを利用する場合は，介護報酬という形で介護サービスの価格が設定されており，提供されるサービスの種類と量はサービス事業者と要介護者の間で自由に取り決めることは認められない。介護報酬とは，介護サービス事業者が介護保険制度で受け取る報酬を指す。介護サービス事業者は受け取った介護報酬から運営費，人件費など費用を賄うこととなる。その介護報酬が低く設定されているために，介護職員に対する給料は低水準であり，人材確保が大きな課題となっている。介護保険の発足以降，介護報酬はマイナス改定が続いていたが，政府は2009年度，2012年度においてプラス改定を実施した。2015年度はマイナス改定となったが，職員の給与につい

図表8－6　要支援・要介護度別の状態

要支援1	日常生活の基本動作はほぼ自分で行えるが，家事や買い物などに支援が必要な状態
要支援2	要支援1の状態からわずかに能力が低下し，何らかの支援が必要な状態
要介護1	起立や歩行などに不安定さが現れ，入浴や排せつなどに一部介助または全介助が必要な状態
要介護2	自力での起立や歩行が困難。入浴や排せつなどに一部介助または全介助が必要な状態
要介護3	起立や歩行は不可能。入浴や排せつ，衣服の着脱などに全介助が必要な状態
要介護4	介護なしに日常生活を送ることが困難。入浴，排泄，衣服の着脱などに全介助，食事摂取に一部介助が必要な状態
要介護5	日常生活のほぼすべてにおいて全介助が必要

（出所）高室（2011）を参考に著者作成。

ては引き上げる介護職員処遇改善加算が上積みされた。

3　様々な介護サービス

　介護サービスは在宅介護（居宅介護）と施設介護に分けられる。在宅介護については次のような介護サービスを利用することができる。山井・上田（2009）を用いて，介護サービスについて説明したい。介護サービスにはいろいろな種類のものがあるが，ここでは以下の介護サービスを説明したい。

①　訪問介護

　訪問介護（ホームヘルプサービス）とは，掃除，洗濯，買い物などの家事全般，そして，食事，排泄，入浴などに介助が必要な場合に受けることができる。なお，訪問介護には制限があり，利用者ではなく，家族のために行う行為や家族が行うことが適当な行為については訪問介護は利用できない。

②　通所介護（デイサービス）

　老人デイサービスセンターや特別養護老人ホームなどに日帰りで通所し，外

出による社会的な交流，家族の負担の軽減，機能訓練と日常生活訓練を図る。

③ 短期入所生活介護（ショートステイ）

　要介護者が特別養護老人ホームなどに短期間（数日から1週間程度）入所し，入浴や排せつ，食事などの世話や機能訓練などのサービスを受ける。

④ 特別養護老人ホーム（介護老人福祉施設）

　入浴，排泄，食事などの介護など日常生活上の世話や機能訓練，健康管理，療養上の世話を行うことを目的とする施設であり，寝たきりや認知症などで常時介護が必要な方が生活する施設である。

　特別養護老人ホーム（特養）は一般的な老人ホームなどに比べて低い費用負担で入所できるため，多くの利用者が入所を待っている状況である。要介護者の増加に施設整備が追いついていない状況であり，全国に多くの待機者（特別養護老人ホームへの入所待ちの要介護者）がいる状態であった。それに対応する形で，2015年度の介護保険制度改革においては，2015年4月より，原則，特養への新規入所者を要介護度3以上の高齢者に限定することとなった。

　特別養護老人ホームで施設介護を受ける場合は，どのくらいの費用がかかるのであろうか。厚生労働省「介護保険の解説」では，標準的な例として次のように示されている。

　介護サービスを受ける場合は1割の負担となるが，居住費や食費は1日当たりの額が決められている（**図表8－7**）。ユニット型個室になれば居住費の費用負担はさらに上がる。ただし，利用者負担が大きくならないよう，居住費については低所得者に対しては自己負担の限度額が設定されている。

図表8－7　要介護5の人が多床室を利用した場合の月額の自己負担額

施設サービス費の1割	約26000円
居住費	約11000円（1日370円）
食費	約42000円（1日1380円）
日常生活費	約10000円
合計	約89000円

（出所）厚生労働省「介護保険の解説」を参考に著者作成。

4　介護の問題は

　介護保険制度は十分な役目を果たしているだろうか。介護保険制度によって介護サービスを受ける際の自己負担は軽くなり，介護サービスを利用しやすいという事実はあるだろう。介護サービスを利用することによって，家族は介護する時間を減らすことができ，働きに出かけたりなどに時間を有効に使うことができる。

　しかし，本当にそうなっているのであろうか。介護サービスを行う職員は十分にいるのだろうか。また，今後高齢化が進み，ますます介護を必要とする人が増えていく中でそのような介護需要に対応していけるのであろうか。このような介護を取り巻く問題は現在深刻となっている。次章ではその点について触れる。

■注
1）保険料の滞納により介護サービス費用の全額を自己負担するなど給付が制限される。
2）厚生労働省の資料で第1号被保険者の保険料を見ると，最も高いのは9800円で最も低いのは3000円である。このような違いは要介護率の違いもあるが，介護の形態として家族介護が主なものかどうかなども関連していると考えられる。
3）例えば，協会けんぽの場合では2020年度の保険料率は1.79％である。
4）詳細については市町村のホームページを確認されたい。本書は津市「介護予防・日常生活支援総合事業について」を参考にしている。

第9章

介護サービスと家族介護の問題
──公的介護保険制度②

本章の目的

　公的介護保険制度が整備されることにより，介護サービスを低い自己負担で利用できるようにすることで，本当に必要な時に必要な介護を，費用負担を考えることなく利用できるようになっているであろうか。介護サービスが十分供給されていなければ，いくら介護保険制度が整備されていたとしても，介護を必要とする時に介護サービスを利用することができなくなってしまう。このような状況は既に日本で起こっており，そのしわ寄せは家族介護という形で家族にのしかかる。介護サービスと家族介護の問題にスポットを当ててみたい。

1　介護サービスの利用の問題について

　訪問介護を利用したり，短期的なショートステイやデイサービスを利用したりすることにより，家族の介護負担を軽減することができる。しかしながら，これらの利用で家族は完全に介護から離れることはできない。家族が遠くに住んでいて介護が難しい場合でも，施設介護を利用できないということになれば，家族介護を行わざるを得ないが，そのためには離職という選択をしなければならないケースも出てくる。たとえ，家族と同居していたとしても介護を優先せざるを得ず，離職をするということも考えられる。

図表9－1 介護離職者数の推移

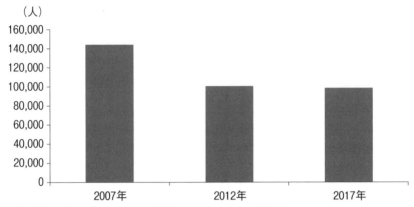

（出所）総務省統計局「平成29年就業構造基本調査」を参考に著者作成。

図表9－1を見ると，介護・看護を理由に離職した人数は，直近で10万人程度であり，一方労働力人口は2020年で6865万人である。離職者の割合は大きくはないが，今後，高齢化が進み，介護が必要となる高齢者が増えればこの離職者の人数はより多くなることが予想される。現在は，育児と仕事の両立を可能とする育児支援政策を行い，就業率を高めているが，介護と仕事の両立を可能とする政策に対して本格的に取り組んでいかなければならないと言える。また，仕事を完全に止めるといったことではなく，正規社員からパート・アルバイトなどの非正規社員として働き方を変えるという者も多い。正規社員に比べて勤務時間がある程度決まっていることや短時間の勤務で済むため，介護との両立が可能になる。しかし，正規社員に比べて低い給料となるために，介護を行う者の生活は厳しいものとなる。

　費用面や入所待ちといった問題で施設入居のハードルが高い中でデイサービス（通所介護）への需要が高まっているが，デイサービスは日中の利用となるために，宿泊施設ではない。しかし，日中は介護保険が適用されるデイサービスを利用し，夜は引き続き，宿泊施設としてデイサービスの施設を利用するお泊まりデイといったものがある。ただし，介護保険を利用することができないので，かかった費用は全額自己負担として支払うこととなる。施設介護を利用できないとしても，このような利用形態によって，施設介護と同様に在宅での

家族介護が省けるといった結果となっている。ただし，このような介護保険を使わない場合のお泊まりデイは，基準が整備されているとは言えず，その安全性に問題が指摘されており，今では厚生労働省により利用のガイドラインが作成されている[1]。

2　介護現場の労働者の問題

　ここでは，沖藤（2010）および伊藤（2001）を参考に，介護現場の労働者の問題について説明したい。ある介護要員は月に5，6回夜勤をやって，月給が20万円程度となると打ち明けているように，介護に従事する者の給与水準は低いものである。それは，決まって支給する給与で比較すると，全産業平均（男女計）では32.4万円に対し，介護事業の場合は23.8万円である。介護要員の給与は介護報酬に従って支払われることとなっており，介護報酬の程度が給与を決めていると言える。その介護報酬は2009年度，2011年度にはプラス改定が行われたものの，それ以前では，マイナス改定となっている。2015年度では介護報酬自体はマイナス改定であったものの，給与加算項目が追加され，給与引き上げが図られている。

　介護労働実態調査のアンケートでは，なぜ介護の仕事をしようと思ったかについての回答として，回答割合の多い順に挙げると次の通りである。
① 働きがいのある仕事と思ったから
② 資格・技能が生かせるから
③ 人や社会の役に立ちたいから

　一方で，このアンケートは前職を辞めた理由についても聞いているが，前職を辞めたと回答したうちの3割が前職は介護関係の仕事であったと回答している。前職を辞めた理由として挙げられているものに「職場の人間関係に問題があったため」，「収入が低いため」とあるが，前職が介護関係の仕事である者も3割ほど含んでいること，厚生労働省の資料から介護事業では低い賃金であることを考えると，金銭的な問題が介護離職をもたらしている側面は否めないと言えるだろう。

　1年間に離職した者の勤務年数を見ると，1年未満が38.0%，1年以上3年

未満の者が26.2%となっており，3年以上の者が35.8％となっており，特に1年未満は高い水準と言えるだろう。平均勤続年数が全産業平均では11.9年に対し，介護事業では7.1年と短く，さらに福祉施設介護員は5.5年ともっと短い。介護保険スタート時の介護職員実員数は54.9万人であり，2016年は183.3万人であり，スタート時に比べると大幅に増加したと考えられるが，今後，高齢化が進むことによって，要介護者が増えることにより，より多くの介護労働者が必要となる。

　しかしながら，介護労働市場は，求人数は多いもののそれを埋める求職者が集まらない，すぐに離職してしまうといった問題がある。従って，雇用のミスマッチを改善するような仕組みが必要であろう。そのためには給与的な待遇の改善は1つの方法であると考えられる[2]。要介護認定者数も増加しており，要介護度が高い高齢者も多くなってきている。要介護度が全体的に悪化の方向にある場合，1人当たりの負担は大きいものとなり，介護職員の配置人数についても見直しをする必要があるだろう[3]。

　介護現場で働く労働者を十分に確保できなければ，家族によって世話を行う必要がある。しかし，現役世代にとって，介護を自由に行えるような働き方ができる者は少数であり，介護のために仕事を辞める，または短時間で働くといったパート・アルバイトの働き方を選択せざるを得なくなる。そのような事態を防ぐために介護報酬を大幅プラスして介護現場で働く者の給料を大幅に増やせば，介護従事者が増えて，問題は解決できるのであろうか。それだけでなく，適正な人員配置を行うことにより介護要員の負担を減らすことが必要であろう。そのような対策を行うことによって介護の質を高めることができるであろう。介護の質については，結城（2008）でも挙げられているように介護士による虐待もまた問題となっている。虐待が過酷な介護現場に起因するものであればやはり，適正な人員配置を行うことで防止の一助となるだろう。

3　介護をする家族の問題

　核家族化が進行し家族で介護を行える者が減る問題に対して，介護サービスの利用を容易なものにするために介護保険制度が導入されたと考えることがで

きる。しかし，実際は，家族介護に頼る部分が多く，誰が家族介護を担っているのかを見ると，介護を受ける者の配偶者の割合が最も大きい。その次が子どもである。本人が介護を受ける頃になると本人はともかく配偶者も高齢であることが多い。すなわち，老人を老人が介護する老老介護となる。

　このような介護は何が問題であろうか。それは介護を行うための十分な体力があるかどうかという点である。一般に高齢者になれば，体力は衰える。一方で介護を行うためには，生活介助で体を起こしたりすることをはじめ，多くの介助で体力が必要である。また，排泄などの介助は寝ている場合でも行う必要があるので，十分な睡眠がとれないなど，心身が疲弊すると考えられる。そのような介護を続けることは介護を行う者にとっても持続可能ではないため，いずれ介護を行えなくなる時が来るものと考えられる。

　介護サービスをより多く受けることができるのであれば，老老介護を解消することができるが，そのためには，介護従事者の確保と介護保険給付のための財源確保が必要である。

　図表9−2より明らかであるが，同居の者による介護が多い。その同居の者の年齢を見ると，高齢である場合が多く，老老介護がかなりの割合で行われて

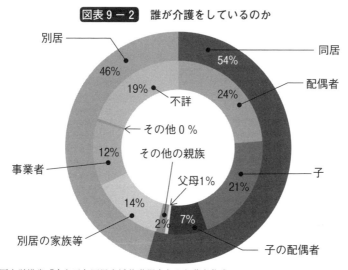

図表9−2　誰が介護をしているのか

（出所）厚生労働省「令和元年国民生活基礎調査」より著者作成。

いることが分かる。

　また，現役世代で日中は仕事している者も，昼休みとなれば，親の介護のために自宅に戻り，昼休みを終えてそのまま業務に当たるという例がある。仕事では残業などもあるために，毎日定時に帰ってといった生活は難しく，またあらかじめどのように時間を使えるのかといった計画も立てにくい。加えて，仕事で疲れた上に介護を行うといった負担が仕事の継続を困難なものにしていると考えられる。その結果，介護離職につながることになる。

　また，高齢者を介護する家族に降りかかる問題として，考えなければならない事故がある。日本経済新聞の記事によれば，認知症の男性が徘徊中に電車にはねられ死亡したという事故に対し，男性の妻に鉄道会社に対する損害賠償の支払いを裁判所が命じた。ちょっとした不注意の隙にこのような事件は起こる可能性があり，その責任を家族側が担うというのはあまりにも家族負担が大きいものと言わざるを得ない。ただ，最終的に最高裁では賠償責任がないとの判決が下された。また，別の問題を挙げれば，点滴を引き抜く，徘徊をするといった行動からけがなどの事故につながるのを防ぐために，拘束といった行為が行われることがある。この拘束という行為自体は本人の自由を奪う点で問題がある。しかし介護を行う者の負担の問題も放置できない。

4　介護保険制度の持続可能性

　介護の総費用は介護保険制度の開始以来，上昇を続けている。それは，**図表9－3**で示されるように，要介護認定者数が上昇を続けていることに起因している。その費用を賄うために公費負担も保険料も増えることとなる。実際に，65歳以上の第1号被保険者の保険料は3年ごとに見直されるたびに上昇している。その理由は，要介護者の増加である。高齢化によって，年金だけでなく，医療そして介護においても費用の増大が考えられることを考慮しなければならない。

　今後も介護費用は増加するものと考えられる。その理由としては，高齢化が今後ますます進むことが挙げられる。高齢化が進み，高齢者が多くなれば，要介護者もまた多くなると考えられる。「日本における認知症の高齢者人口の将

図表9－3　要介護認定者数の推移

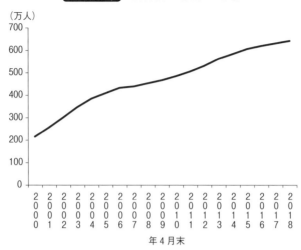

（出所）厚生労働省「介護分野の現状等について」より著者作成。

来推計に関する研究」によると，2025年には認知症患者は730万人となり，高齢者に占める割合は20.6％となる。そして高齢化以外にも介護費用が増える理由が他にもある。結婚をしない単身者や合計特殊出生率の低下などから見られる子ども数の減少，夫婦２人世帯の増加など，未婚化，晩婚化，少子化，家族構成の変化が挙げられる。単身者の場合は家族介護を行う者がいないので，介護サービスを利用するという選択肢しかないであろう。また，夫婦２人世帯の場合は，配偶者がいる場合は家族介護を受けられるであろうが，亡くなってしまった場合は，介護サービスを利用しなければならない。

　皮肉にも介護保険制度は家族介護から介護サービスによる介護へと移行させる役割が期待されていたにもかかわらず，家族介護の代替として介護保険が適用される介護サービスを利用するために，介護保険制度の財政上の問題が現出する。

5　今後の介護のかたち

　内閣府の「高齢社会白書」によれば，高齢者にとって最期は自宅でと希望する方が多い。介護サービスを上手く利用することによって，自宅での生活は可能であろうか。認知症など，一見，1人で暮らすことが難しいと思われる場合でも，介護サービスや宅食サービス，見守りサービスを用いることによって，生活することが可能であると考えられる。

　図表9－4は介護サービスの利用の一例である。例えば，月・水・金は日中仕事に行っている場合は，このような通所介護を利用することで，家族介護者にとって仕事との両立は可能となる。火・木・土・日には仕事はなく，通所介護を利用する代わりに訪問介護サービスを利用している。このような介護サービスの利用については実際の要介護度と家族がどの程度介護が可能かを考慮した上でケアマネージャーによるケアプラン作成に反映させるものと考えられる。

　認知症，知的障害，精神障害の理由で判断能力の不十分な場合，財産の管理を自分ですることが難しかったり，自分に不利益な契約を結んでしまうことがあったりと被害にあうことが考えられる。この場合に，代理人という成年後見人が本人を代理して，財産の管理や契約を行う制度を成年後見制度という。また，代理人である後見人が勝手に被後見人の財産を使い込んだりすることがないように，後見制度支援信託という形で被後見人の財産を管理するという方法

図表9－4　介護サービスの利用例

	月	火	水	木	金	土	日
8:00							
9:00							
10:00							
11:00							
12:00	通所介護	訪問介護	通所介護	訪問介護	通所介護	訪問介護	訪問介護
13:00							
14:00							
15:00							
16:00							
17:00							

もある。

　在宅での介護を行う場合には，介護保険の給付だけではなく，自治体の独自給付なども利用することができる。例えば，紙おむつの購入費用への助成といったものがある。また，総合事業と言われる介護予防事業として様々な自治体が独自の取り組みをしている。例えば，住民が体操を行う取り組みを入れたり，高齢者が子どもの見守り隊に参加する機会をつくったりすることで，要介護認定率の増加が抑えられている事例が厚生労働省の資料で紹介されている。また，認知症の人や家族，地域住民などが集まり，交流する認知症カフェというものもある。特に，認知症カフェといった交流の場は介護を行う者にとっても情報交換の場となり，家族介護の負担を軽減するような役割を持っているとも考えられる。

　前章で施設介護に関して，特別養護老人ホームの入居要件は原則として要介護3以上にすることが改革で決定されたことは説明した。このような改革の流れから考えると，介護の総費用を政府が抑制するために，公的な施設の拡充を抑え，入居者を限定していくという政策がとられることになろう。

　ということになれば，民間の施設を利用することも視野に入れていかなければならない。しかしながら，民間の施設で例えば有料老人ホームは月額料金や一時金が非常に高いものとなっており，多くの高齢者が利用できるものではないであろう。そこで選択肢として，サービス付き高齢者向け住宅というのがある。

　サービス付き高齢者向け住宅（サ高住）とは，厚生労働省の定義によると，「状況把握サービス，生活相談サービス等の福祉サービスを提供する住宅」とあり，主に軽度の要介護状態の高齢者が多く住んでいる。サ高住で提供されるサービスとして少なくとも安否確認・生活相談サービスを提供することとしている。介護サービスについては外部サービスを利用することとなる。

　しかしながら，通常の有料の老人ホームに比べ，一時金負担が軽いのはメリットであると言えるが，サ高住の月額費用は決して低くはない（**図表9－5**）。また，住宅の月額費用だけでなく，食費や介護保険の自己負担分も考えると費用は多額となるだろう。

図表9-5 入居の費用

名称	月額費用	特徴
特別養護老人ホーム	14万円	費用負担が軽い。要介護度が重くないと入居は難しい。入居は原則要介護3以上。
介護付き有料老人ホーム	22万円 (入居時費用として500万円程度)	多額の入居一時金が必要。介護サービスも行う。
サービス付き高齢者向け住宅	16万円 (入居時費用として20万円程度)	外部の介護サービスを利用する。自立および軽度の要介護状態の高齢者を対象。

(出所) LIFULL介護「特別養護老人ホーム (特養) の費用・負担を軽くするには」,「老人ホームの相場」,「サービス付き高齢者向け住宅とは？」, SUUMO「「シニア・介護」に関する用語一覧」を参考に著者作成。なお，上記の費用はあくまで一例である。

6　介護保険制度の将来はどうなるか

　近年の介護保険制度の改正で総合事業がスタートし，全国一律の予防給付に加え，市町村独自のサービスを提供することが可能となった。これにより自治体が独自にサービス内容を工夫できることとなった。要支援向けのサービスとして自治体が独自に行えることになれば，市町村は要介護の程度が悪化しないように積極的に政策を行うことが考えられる。

　なぜならば介護保険制度は市町村が運営しているものであり，要介護者が減れば介護保険財政の負担は軽くなり，自治体にとっても良い影響を与える。それは介護保険料の負担の低下をもたらし，その自治体に住む高齢者にとっても良い影響を与える。実際，積極的な取り組みを行う自治体では要介護率の改善などが見られている。既に介護保険料や要介護認定率に関して地域間で格差がある中で，今度は要支援向けサービスに対して市町村の裁量が大きくなるため，自治体間でのサービス格差を通じて，要介護認定率はさらに地域間格差が大きくなり，介護保険料の格差も広がる可能性があり得る。そのような結果にならないように，自治体間での要支援向けの独自サービスについて情報交換する場

を設けて自治体間での格差が縮小するような仕組みを設けることが必要であろう。

■注
1）詳細は厚生労働省「お泊まりデイサービスへの対応（案）について」を参照。
2）厚生労働省「介護労働の現状」によると，介護分野の採用率と離職率はともに全職業のものより高い。
3）厚生労働省「介護老人福祉施設（参考資料）」では3:1基準，すなわち，介護職員1人に対し要介護者3人という基準がある。

演習問題 （第8章～第9章）

A．次の文章は誤った内容を含んでいる。正しい文章にしなさい。

1．公的介護保険を使って介護サービスを利用した場合，介護保険の利用限度額までであれば自己負担はない。

2．公的介護保険の第2号被保険者の保険料は，第1号被保険者と同じく，市町村から請求される。

3．公的介護保険の被保険者が要介護状態になった場合，65歳以上であれば保険給付が受けられるが，65歳未満では一切受けられない。

4．公的介護保険は65歳以上を強制加入とする社会保険であるが，40歳以上65歳未満については任意加入することができる。

5．公的介護保険を使って介護サービスを利用し，介護保険の利用限度額を超えた場合，超えた分についての自己負担は3割である。

B．次の内容について説明しなさい。

1．介護保険による介護サービスを受けるための手続きの過程を「要介護認定」「ケアプラン」というキーワードを用いて説明しなさい。

2．介護老人福祉施設（特別養護老人ホーム）とは何か説明しなさい。さらにこの施設に関する現在の問題点について説明しなさい。

3．介護保険制度の財源について，「保険料」「公費」「第1号被保険者」「第2号被保険者」というキーワードを用いて説明しなさい。

4．介護労働市場の問題について説明しなさい。

C．次の問題について考えなさい。

　高齢化に伴い，介護保険の第1号被保険者の保険料負担が増加している。必要な対策なども含めてこの問題についてあなたの考えを述べなさい。

第10章

生活保護制度の基本的な仕組み
──生活保護制度①

本章の目的

　老齢で働けなくなった場合は公的年金，失業して働けなくなった場合には雇用保険からの給付を得ることができ，何らかの理由で所得を得ることができずに生活できなくなることがないように日本の社会保障制度には様々な仕組みがある。しかしながら，それらの制度を利用できない，または利用してもなお貧困状態であることがある。その時に利用できるのが生活保護制度である。生活保護制度とはどのようなものであろうか。そして，その制度にはどのような問題があるのだろうか。

1　生活保護制度とは何か

　生活保護制度は，資産や能力等すべてを活用してもなお生活に困窮する者に対し，国が税財源による必要な現金給付やサービスを提供することを通じて，健康で文化的な最低限度の生活を保障し，その自立を助長する制度である[1]。日本国憲法第25条では「すべて国民は，健康で文化的な最低限度の生活を営む権利を有する」と記され生存権が保障されている。その生存権を守る具体的な制度として生活保護制度がある。多くの社会保障制度では保険料の支払いを前提とする一方で，生活保護制度は税を財源とする特殊な制度であると言える。

　生活保護制度を利用するためには次のような手続きが必要である。生活保護は申請が原則となっている。その申請の後に，保護の決定のための調査が実施される。具体的には生活状況等を把握するための実地調査（家庭訪問等），預貯金，保険，不動産等の資産調査，扶養義務者による扶養（仕送り等の援助）の可否の調査，年金等の社会保障給付，就労収入等の調査，就労の可能性の調

図表10-1 生活保護の原理原則

① 無差別平等の原則	貧困の理由が何であろうと，貧窮の事実が明らかになれば，保護が開始される。
② 最低生活保障の原理	生きるか死ぬかぎりぎりの水準ではなく，福祉国家の国民としてふさわしい生活水準を送るための給付を行うべきである。
③ 補足性の原理	能力や資産の活用，家族の支援，他制度（雇用保険や年金給付）などを活用することが前提である。

査などである。扶養義務者については三親等までが当たる。これらの調査によって，生活保護の必要があると判断した場合に保護を請求した人の実情に応じ，厚生労働大臣が定める基準に則り，保護として最低生活費を支出するための不足分が世帯に対して支給される。

　以上の手続き過程をまとめると，生活保護制度の原理・原則は駒村・丸山・齋藤・永井（2012）のように**図表10-1**の通りにまとめられる。

　補足性の原理とは，具体的な例として自家用車があるなど処分可能な資産がある場合は，まずはその売却を行って生活費を工面すべきということである。また，若い世代で生活保護制度の受給が難しいのは，就労の可能性が大きいとみなされ，補足性の原理の観点から，活用できる能力があるとみなされるためである。なお，原則として保護は世帯単位で行われる。

2　生活保護の基準と種類

　生活保護費は下記に示される8種類の扶助からなる。生活を営む家で生じる費用に対して対応する扶助は異なる。

① 生活扶助　　日常生活に必要な費用（食費，被服費，光熱水費など）
② 住宅扶助　　賃貸住宅の家賃（決められた範囲内で支給）
③ 教育扶助　　義務教育を受けるために必要な学用品費
④ 医療扶助　　医療サービスの費用（本人負担なし）
⑤ 介護扶助　　介護サービスの費用（本人負担なし）
⑥ 出産扶助　　出産費用

⑦　生業扶助　　就労に必要な技能の習得などにかかる費用

⑧　葬祭扶助　　葬祭費用

　日常的な生活費に対する扶助として生活扶助がある。生活扶助については，世帯構成や住居地などにより基準化されている。また，寒冷地域では暖房などの費用がかさむため冬季加算などもある。世帯構成などによって生活扶助基準額は異なるが，例えば，**図表10－2**のような生活扶助基準額となる。

　世帯構成と居住地によって基準額（日常生活費として給付される額）が異なることが分かる。生活扶助基準額は世帯の構成員のそれぞれの年齢と人数を基準に決められる。1級地－1とされるのは主に大都市部であり，都市化がそれほど進んでいないところは2級地や3級地に該当し，給付の水準は下がる。また，生活扶助については障害者や母子世帯等の加算がある[2]。そのために，世帯員の構成によって生活扶助基準額は異なることとなる。

　医療扶助は医療を受けるための補助である。保険診療ではなく，発行される医療券をもって，指定医療機関で医療を受けることができる。自己負担はない。なお，生活保護受給者は国民健康保険の対象外である。

　教育扶助は義務教育の就学に必要な費用の給付である。高校は義務教育ではないので，教育扶助の給付を受けられない。生業扶助として，高校等への就学費用が給付される。ただ，現在は高等学校等就学支援金制度があり，高等学校の進学費用については別の制度より支援を受けることができることとなっている[3]。

図表10－2　世帯類型別生活扶助基準（数値は2016年度のもの）

	3人世帯 33歳男・29歳女・4歳子	高齢単身世帯 68歳女
1級地－1	160,110円	80,870円
1級地－2	153,760円	77,450円
⋮	⋮	⋮
3級地－1	136,910円	68,390円
3級地－2	131,640円	65,560円

（出所）厚生労働省「平成26年版厚生労働白書資料編」を参考に著者作成。

　日常的な生活費は生活扶助基準額で賄うことを原則とするものの，敷金，引越し，服，布団，家具などの購入についてはまとまったお金が必要となり，生活扶助基準額で賄うことは難しい。このような費用への支出を一時扶助という形で賄うことができる。

3　保護費の決定

　生活保護費の決め方は具体的に次の通りである。
① 　最低生活費を計算
② 　世帯で得られている収入を収入認定額として計算
③ 　最低生活費から収入認定額を引いた残りの額の給付を受ける。
　なお，収入認定額の方が最低生活費よりも高いのであれば，給付を受けることができない。生活保護費として受け取れる額，保護支給費は**図表10－3**で示される通りである。
　生活保護制度は補足性の原理が適用される。すなわち，勤労収入や年金などの給付がある場合で最低生活費に満たない場合はその不足分が給付される。収入としては，就労による収入，年金等社会保障の給付，親族による援助等を認定する。預貯金，保険の払戻し金，不動産等の資産の売却収入等も認定するた

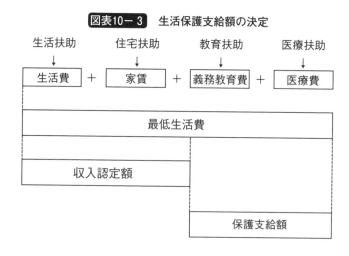

図表10－3　生活保護支給額の決定

図表10－ 4 収入認定額

就労収入	－	基礎控除	=	収入認定額
15000円	－	15000円	=	0 円
92000円	－	22800円	=	69200円

め，これらを消費した後に保護適用となる。

　なお，就労収入については，その収入を得るのにかかった交通費などの実費を控除したものではなく，一定の勤労控除額が認められている。

　控除が適用されている理由としては，勤労に伴って必要となる被服，身の回り品，知識・教養の向上等のための経費，職場交際費等の経常的な経費を控除するものであり，勤労意欲の増進，自立の助長を図ることを目的とする（基礎控除は15000円までは全額控除。それ以上は一定率で控除。また新規就労控除もある（11100円））。

　図表10－ 4 の場合，就労収入が92000円であれば，基礎控除は22800円であり，収入認定額は69200円である。この場合，働いて収入を得ると同額の生活保護費の減額になるわけではないことが確認できる。

　また，生活に困窮した際に現金・現物給付として生活保護費が支給されるが，必要に応じて施設の入所もある。その施設としては，救護施設（身体上または精神上著しい障害があるために日常生活を営むことが困難な要保護者を入所させて，生活扶助を行うことを目的とする施設），更正施設（身体上または精神上の理由により養護および生活指導を必要とする要保護者を入所させて，生活扶助を行うことを目的とする施設），医療保護施設（医療を必要とする要保護者に対して，医療の給付を行うことを目的とする施設）がある。

4 生活保護制度の現状

　生活保護費は国が3／4，地方が1／4負担となっている（**図表10－5**）。国の負担分は地方に対して国庫支出金として補助金が支出される。しかし，地方には地方交付税交付金があり，生活保護費は基準財政需要額として地方交付税交付金の額の算定基準に加えられている。

　ただ，実際は地方交付税交付金として受ける額よりも生活保護費の支払いが多く，自治体の負担が大きい地域もあれば，逆に生活保護費の支払いが少なく，自治体の負担が小さい地域もあることが日本経済新聞では示されている。

　生活保護費については，増加傾向にある（**図表10－6**）。この理由としては，日本において高齢化が進展していることが挙げられる。受給世帯別に見ると，**図表10－7**の通り，高齢者世帯が最も多いことが分かる。

　2020年4月における受給世帯数は1634584世帯である[4]。その中で高齢者世帯の割合はおよそ半数を占める。2016年では半数を超えた。高齢者の場合，一旦貧困状態になり生活保護制度を利用し始めると，なかなかその状況から抜け出すことはできない。稼働可能世帯として考えられるその他世帯は，景気の状況によって増えたり減ったりする。これは景気が良くなれば雇用環境が改善し，再び働いて収入を得ることができるためである。しかし，高齢者の場合は，既に引退しているので景気動向とは関係なく保護が必要となる。

図表10－5 生活保護の経費負担

	経費負担主体	負担率
保護費・施設事務費・委託事務費	国	3／4
	都道府県または市町村	1／4

（出所）阿部・國枝・鈴木・林（2008）。

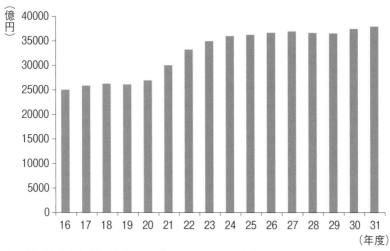

図表10－6　生活保護費負担金（事業費ベース）実績額の推移

（出所）厚生労働省「生活保護制度の概要等について」より著者作成。

図表10－7　世帯類型別割合

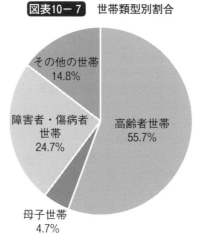

（出所）厚生労働省「被保護者調査」2020年4月。

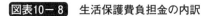

図表10－8 生活保護費負担金の内訳

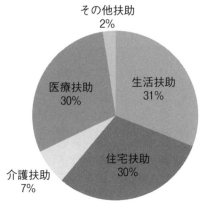

（出所）厚生労働省「被保護者調査（令和2年4月分）」より著者作成。

　図表10－8の生活保護費を扶助別にみると，生活扶助，医療扶助，住宅扶助が最も大きい割合を占めている。医療扶助が大きい理由としては，生活保護世帯の中で高齢者世帯が多いために医療需要が多いというのが考えられる。または，就労できた現役世代でも病気などによってやむなく就労を中断しなければならないといったことも理由として考えられる。今後は高齢化が進むことによってますます医療扶助は増えることとなる。この医療扶助に対しての適正化として，後発医薬品（ジェネリック医薬品）の使用を促進することが2014年より行われている。その結果として，生活保護制度における後発医薬品の使用率は数量ベースで86.2%（2019年）に達している。

　また，生活保護受給者に対して，不必要な医療を提供して報酬を稼ぐ医療機関の問題や生活保護受給者が病院でもらった薬を転売して不当な利益を得る問題もある。このような問題に対する対処を同時に行うことによって医療扶助を適正化していく必要があろう。

5　高齢者の所得保障としての年金の機能

　高齢者になり働いて収入が得られなくなったときに生活に困らないようにする仕組みとして公的年金制度がある。この公的年金制度については，加入時期の職業によって入る年金は異なる。例えば，民間のサラリーマンであれば，公的年金の１階部分に当たる国民年金（基礎年金）と同時に２階部分の厚生年金にも加入することとなる。一方で，自営業や農家あるいはパート・アルバイトの場合は，１階部分の国民年金のみ加入することとなる。現役時における職業により加入する年金が異なり，その結果，年金給付に差が出ることとなる。基礎年金だけ加入している場合は，40年間の納付で月額約65000円となる。一方で，厚生年金に加入している場合は，厚生年金の給付として加えて月額91000円（標準的な例）受け取ることができる。もし，高齢者が基礎年金しか加入していない場合は，図表10−2でも示されていたように，生活扶助基準額以下の給付となる。加えて賃貸住宅に住んでいて家賃の支払いが必要になったり，医療にかかる上で医療費が必要になったりすれば，さらに最低生活費の水準は上昇する。この場合，資産等を持っていないとなれば，最低生活費を下回るので，生活保護制度を利用することとなる。

　老年世代が貧困に窮し，生活保護制度を利用することがないようにするためには，年金給付を得るために保険料を納付させるようにまたは免除などの仕組みを使って加入期間を増やすようにするべきである。または，基礎年金だけでは不十分であるので，貯蓄を行わせるなどが必要である。

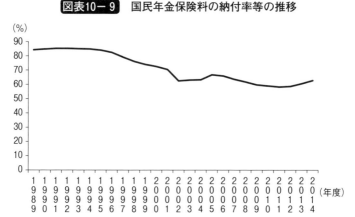

図表10-9　国民年金保険料の納付率等の推移

(出所) 厚生労働省「令和元年度の国民年金の加入・保険料納付状況」より著者作成。(図表3-8再掲)

　国民年金の納付率は近年では低下傾向から上昇に転じているが（**図表10-9**参照），ここから予測できることとして，納付率の低下が起きれば，老年期に十分な年金給付を受けられない者が多くなるのではないかということである。生活保護制度については，無差別平等の原則があり，貧困の理由は何であろうとも，現に貧困に窮している場合には保護される。すなわち，保険料を払えるにもかかわらず，払わないことで保険料負担を免れ，老年期には生活保護を受け取るといった行動も無差別平等の原則からは正当化され得る。この年金と生活保護の関係については時間的非整合性の観点からの説明もできる。これについては第4章を参照されたい。そのようなことが無いように，徴収強化などを行うことによって，今後高齢化に伴い上昇すると考えられる生活保護費負担金を抑制して行く必要があるだろう。

6　最低賃金と生活保護費

　最低賃金で働く場合よりも生活保護をもらった方が所得は多くなるという逆転現象はあるのだろうか。最低賃金制度とは，国が賃金の最低限度を定め，使用者は，その最低賃金額以上の賃金を支払わなければならないとする制度である。この最低賃金の1つに地域別最低賃金があり，都道府県ごとに設定されている。

　日本経済新聞によれば，かつてはいわゆる逆転現象といい，単身世帯の場合で，生活保護制度を利用して給付を得る場合と，1ヶ月最低賃金で働いて所得を得る場合を比べると，前者の方が上回る都道府県がいくつか存在した。

　ただし，最低賃金以上で労働をして給与収入を得ている場合でも逆転現象は起き得る。生活扶助基準は家族構成などによって決まる。また義務教育に関する費用などは教育扶助から支出される。すなわち家族構成によっては，働いて得る収入よりも生活保護費の方が大きくなる場合がある。また，生活保護世帯になることによって，認可保育所の保育料やNHK受信料などが免除，または減免されることで支出が抑えられるために，実質的な収入はより大きくなると考えられている。

7　生活保護制度と就労インセンティブ

　生活保護制度は労働意欲（就労インセンティブ）を減退させるような効果を持っているのだろうか。阿部・國枝・鈴木・林（2008）では，生活保護の就労インセンティブに関する説明がある。それによれば，保護受給母子世帯は非保護母子世帯と比べ，学歴が低く，健康状態が悪く，子ども数が多いことが報告されている。それらが就労を阻害している要因と考えられている。また，被保護の母子世帯の平均所得は一般の母子世帯の平均所得よりも高く，これは生活保護によって受給者の勤労意欲の阻害をもたらしている可能性がある。

　この可能性については今後の研究によって検証されなければならないであろうが，児童扶養手当と就労インセンティブに関する研究は存在する。児童扶養手当には所得制限があり，この所得制限の存在が労働意欲を阻害しているということも考えられるが，阿部・大石（2005）の研究では，児童扶養手当が就労意欲を阻害しているとは言えないことが示されている。

■注

1）生活保護制度の基本的な仕組みについては特に断りがなければ，厚生労働省「生活保護制度」を参考に説明している。

2）母子加算はひとり親世帯を対象に支給されていたが2005年から段階的に減額され，2009年4月に全廃された。その一方で，母子世帯を対象とした就労支援金の給付が行われることになった。しかし，2009年12月には母子加算が復活した。

3）高等学校等就学支援金制度とは，国公私立を問わず，授業料の支援として，就学支援金が支給されるというものである。ただし，一定の所得制限がある。支給限度額は高校の種類によって異なるが，全日制であれば月額9900円となる（出所：文部科学省「高等学校等就学支援金制度」）。

4）厚生労働省「被保護者調査」によれば，2020年4月時点の被保護者数は2,059,536人，保護率は1.64％である。2015年をピークに被保護世帯数は減少しているが，2020年の新型コロナウイルス感染拡大による不景気の拡大で再び上昇に転じる可能性が高い。

第11章

就労支援と生活保護制度の問題
——生活保護制度②

本章の目的

　前章では生活保護制度の基本的な仕組みについて説明した。本章ではまず，就労支援について説明する。生活保護制度は最終的には自立させることが目標となっている。そのためには収入を得る必要があるが，それには働いて得ることが必要である。また日本の生活保護制度の運営上の問題に加え，海外の公的扶助の仕組みについても説明する。

1　就労支援の推移

　図表11－1を見ると，生活保護受給者を対象とした，支援対象者数，および

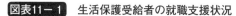

図表11－1　生活保護受給者の就職支援状況

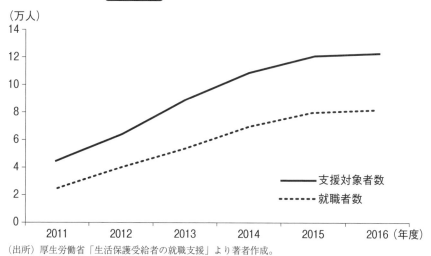

（出所）厚生労働省「生活保護受給者の就職支援」より著者作成。

就職者数は増加していることが分かる。生活保護受給者等に対する就労支援の仕組みとしては、「生活保護受給者等就労自立促進事業」があり、福祉事務所とハローワークによる一体支援に基づいた就労支援を行っている。なお、内閣府の資料によると、都道府県間での就労支援事業への参加率（生活保護受給者等が実際に就労支援を受ける割合）は最大50%、就労増収率は最大35%の開きがあり、この地域差についての検討が必要であろう。

また、2014年には就労自立給付金の制度が創設された。仕組みは**図表11－2**の通りである。就労自立給付金とは、保護受給中の収入認定額の範囲内で仮想的に積み立て、保護脱却時に一括支給するものである。これは、働いて収入を得ることのインセンティブを持たせるためだけでなく、保護脱却後の不安定な生活を支えるための仕組みでもある。

詳しく説明すると、生活保護の受給期間中に就労して収入を得た場合、一定の勤労控除などを差し引いた収入が認定される。この収入認定された分だけ保護費が減ることとなる。収入認定された分の一定割合（1～3ヶ月は30%、以降は逓減）を仮想的に積立金とする。そして、保護脱却時に一括で受け取れる。

2015年度からは生活困窮者自立支援制度が施行された。住居がないといった場合に衣食住を提供することや家賃相当額を提供することなど就労支援に加えて生活するのに必要な部分の工面も行うこととし、早期の自立を達成できるような仕組みが作られた。

図表11－2 就労自立給付金の仮想積立金のイメージ

最低生活費（例：100000円）	
保護支給額（例：70000円）	収入認定額（30000円）

↓ ×0.3

積立額（10000円）

（出所）厚生労働省「生活保護法改正法の概要」より著者作成。

2　生活保護制度と労働供給

　生活保護制度が就労を妨げるような仕組みとなっていることについてもう少し説明したい。

　図表11-3の横軸は労働時間でOが全く働かない時で右に行けば行くほど，労働時間は大きい。縦軸は所得で，Oは全く所得がない時であり，上に行けばいくほど，所得は大きい。斜めとなっている線は労働時間と所得を対応させた線である。例えば，Cの労働時間に対して，Dの所得が得られることとなる。

　ここで，政府がDの水準に満たない所得の者に対して，Dとなるように満たない分の給付を行う政策を講じるとする。この時，Cの時間働いて，Dの所得をもらった場合は政府からは何も与えられない（ケース1）。Aの時間働いて，Bの所得をもらった場合は政府からDと比べて不足しているDBの分の給付が与えられる（ケース2）。その結果，給付後の所得水準はDとなる。

　しかし，全く働かない場合，所得は全くないために，政府からDOの分だけの給付が与えられ，給付後の所得水準はDとなる（ケース3）。すなわち，働いても働かなくても給付が与えられた事後的な所得は同じとなるために，働くインセンティブが削がれるということになる。

　この就労インセンティブについては経済モデルを使って説明するとより興味深い結果が得られる。簡単なミクロ経済学のモデルを作って説明しよう。ある個人の効用関数を$U = YL$（U：効用　Y：所得　L：余暇）と仮定する。

図表11-3　生活保護制度と労働時間

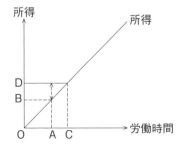

	ケース1	ケース2	ケース3
労働時間	C	A	O
所得	D	B	O
政府からの給付	ゼロ	DB	DO
給付後所得	D	D	D

　所得をYとし，個人は1単位の時間を持っており，その時間を労働と余暇の時間に分けるとする。この時，働くことのできる時間は1－L単位の時間となる。単位時間当たりの賃金を1000とすると，所得と働く時間の関係はY＝1000×（1－L）と表すことができる。

　この式を効用関数に代入することで次の式を得る。

$U = 1000 (1-L) L = 1000 (L-L^2)$

　この効用水準の最大化を達成するLの求め方は2つある。1つはこの式が二次関数であるため，次のような変形をすることで求められる。

$U = -1000 (L^2 - L + 0.5^2 - 0.5^2)$

$\quad = -1000 (L^2 - L + 0.5^2) + 250$

$\quad = -1000 (L-0.5)^2 + 250$

　この二次関数は上に凸の形状を持ち，L＝0.5の時に効用の最大値U＝250を得ることができる[1]。もう1つの解き方は微分してゼロとおいて解く方法である。微分してゼロとおくことによって，余暇時間を求めることができる。

$\dfrac{dU}{dL} = 1000 (1-2L) = 0$ よりL＝0.5

　よって，同様にL＝0.5を得ることができ，効用水準は効用関数に代入してU＝250となる。この時の就労によって得られる所得は所得と働く時間の関係式よりY＝1000×0.5＝500となる。

　では，この時に，就労所得が300以下の個人に対して，所得が300となるように政府が実際の就労所得と300の差額を生活保護給付として支給した場合，この個人はどのような行動をとるか。この個人は，既に就労所得として500を稼いでいるので，働いた方が所得は多くなっているので，就労し続けると考えられる。しかし，効用が最も大きくなるように個人が行動する場合，この推論は当たらない。

　もし，全く働かない場合は，労働時間はゼロとなり，余暇は1となる。この時，就労所得はゼロとなる。従って，政府から給付として300もらえる。この場合の効用水準は，U＝300×1＝300となり，働くのをやめる方が効用は大きくなるので，この個人は生活保護制度の存在によって働くことをやめてしまう。以上の結果をまとめると，**図表11－4**のようにまとめられる。

図表11－4　生活保護制度と労働時間

	労働時間	余暇時間	所得	効用水準
働き続ける場合	1／2	1／2	500	250
働くのをやめる場合	0	1	300	300

　働き続けるよりも働くのをやめた方が効用水準は大きくなるので，低所得者が低賃金で働いていて，生活保護基準額以下の収入しか得ていない場合は働かずに給付を受け続けることが有利と考える。また，生活保護基準額以上の収入を得ている場合でも働かないことによる効用が大きければ，働かずに給付を受け続けることが有利と考え，給付の状態から抜け出すことができなくなる。このような状態を貧困のわなと言う。

　就労意欲がなくなってしまう原因は生活保護給付額が働いて得た分だけ減少してしまうことにある。しかし，実際，日本においては勤労所得控除が存在している。そのおかげで働いて得た収入よりも給付の減少額は小さいので，働くことによって得た総所得は増えることになる。だが，勤労所得控除額はそれほど大きくないので，総所得の増え方はかなり緩やかとなり，就労意欲を引き上げる効果を持っているかは不明である。

　ただ，このような働くことによって得た収入分だけ政府からの給付を減らすのではなく，政府からの給付を減らす分＜働くことによって得た収入分とすることで，給付後の合計所得は増えるため，就労インセンティブを持たせることができる。このような制度として負の所得税制度がある。

　負の所得税制度では，**図表11－5**で表される給付後所得になるように給付を行う。すなわち，全く働かない場合は，労働時間はゼロとなるために労働所得はなく，政府からの給付としてBOの所得が与えられる（ケース1）。労働時間がAの場合，労働所得はBとなり，この時は政府からの給付はDBとなり，合計所得はDとなる（ケース2）。政府からの給付が打ち切られるのは，労働所得がE以上となった場合であり，労働時間ではC以上である（ケース3）。

　このように，負の所得税制度の例にもあるように，就労収入に対する一定の控除を認め，働いた方が給付が大きくなるような仕組みは就労インセンティブを持たせることが可能となるだろう。しかし，就労インセンティブを持たせる

図表11－5 負の所得税制度

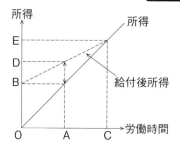

	ケース1	ケース2	ケース3
労働時間	O	A	C
所得	O	B	E
政府からの給付	BO	DB	ゼロ
給付後所得	B	D	E

仕組みは給付額が増えることになり財政負担となり得る。ただ，働いた分だけ削減するような仕組みの場合は，全く働かないことを選択するため，結果的に給付が大きくなるので財政負担が増えるかというのは必ずしも明らかではないとも言える。

　所得水準などに関係なく，すべての者に一律に給付を行うようなベーシックインカムの政策を行った場合は，働いても働かなくても得られる給付に変化はないので，就労意欲を阻害する効果はないと考えられる。しかし，この制度の導入も財政負担の問題がある。

3　漏給の現状

　生活保護の受給に関しては濫給と漏給がある。濫給とは必要以上の給付が行われることをいう。また，資産や所得があるにもかかわらず，それを隠して受給を多く受けるという不正受給も濫給の1つであろう。2014年の生活保護法の改正により福祉事務所の調査権限が拡大され，資産や収入に関する確認として他の官公庁と連携を取って行うこととなった。

　一方で，漏給とは本来給付すべき世帯に対して給付が行われていないことをいう。

　公的扶助の国際比較をする場合は，日本と同じような仕組み，構造のような社会保障の仕組みではないので，単純な比較はできないことに注意が必要であるが，**図表11－6**から分かるように日本の生活保護の利用率は低いことが分か

図表11－6　生活保護の利用率

	人口（万人）	仕組み	利用者数（万人）	利用率
日本	12644.3	生活保護制度	209.5	1.7%
ドイツ	8291.6	社会扶助	284	3.4%
フランス	6694.2	積極的連帯所得手当	470	7.0%
イギリス	6643.6	所得補助	59	0.9%
アメリカ	32716.7	補足的保障所得	806.7	2.5%

（出所）仕組みと利用者数については独立行政法人労働政策研究・研修機構「データブック国際労働比較2019」，人口についてはOECD Dataを参考に著者作成。

る。

　また，別のデータでも日本の漏給の状況を見ることができる。例えば，橘木・浦川（2006）では貧困世帯を生活保護基準額以下の世帯と定義し，生活保護の捕捉率を16.3％～19.7％と推計している。なお，捕捉率とは，最低生活費未満の収入の世帯に対して実際に生活保護制度を利用できている世帯の割合である。

　なぜ，捕捉率は低いのであろうか。その理由の１つとしては，生活保護の利用における申請主義がある。福祉事務所に行き，申請が受理されて保護が決定される。ただし，この申請の際に，様々な理由を福祉事務所側が並べて申請を受け付けないといったことがある。これは水際作戦と言われるものである。就労可能であれば，補足性の原理から申請を受け付けないことや，住所がないので申請を受け付けない，借金があるので申請を受け付けないなどであり，いずれも違法な手続きである。

　さらに，生活保護を受ける際には，扶養義務のある親族に扶養可能かどうかの照会が行われる。日本はこの扶養義務の範囲が広く，配偶者間，親子間，兄弟姉妹間およびその他の３親等内の親族である。諸外国を見ると，ここまで広い国は見られず，例えば，フランスやスウェーデンでは扶養義務者は配偶者および未成年の子に対する親であり，扶養義務の範囲が狭い。親族に情報が行くことをためらって申請をしないという可能性も考えられる。なお，多くの国では生活保護（公的扶助）の利用の際に資力調査があるが，フランスは所得調査

はあるものの資産調査はない。

　無理な水際作戦など生活保護制度を利用させない仕組みにより悲惨な結果をもたらした事例がある。藤藪・尾藤（2007）では，無謀な就労指導をした結果，言い換えれば強制的に保護廃止とした結果，餓死してしまった北九州市の事件を取り上げている。

　日本では生活保護の利用率が低く，漏給が生じている可能性があるが，もらっている者に限定して，公的扶助支給額の水準を諸外国と比較をすると一般的には大きい。厚生労働省の資料によれば，スウェーデンの20歳以上の単身世帯の日常生活費に対する給付として支給される金額は月額44900円（2019年）とある。一方で日本の場合は高齢者の単身世帯に対しては79550円（2018年）が日常生活費としての生活扶助が支給される。

4　諸外国の公的扶助制度

　本節では諸外国の生活保護制度（公的扶助制度）について説明することを通じて，日本の公的扶助制度に関する問題について説明したい。以下ではアメリカとスウェーデンの公的扶助について説明する。

4.1　アメリカの公的扶助制度

　アメリカの公的扶助として，ここでは①補足的保障所得，②補足的栄養支援，③メディケイドについて説明したい。

①　補足的保障所得

　低所得者に対する現金を給付する仕組みであり，65歳以上の高齢者や障害者など働くことのできない生活困窮者に現金を直接支給する。1人当たりの月額771ドル（2019年）が支給される。補足的保障所得は連邦政府が運営するものであるが，児童や妊婦のいる貧困家庭に対して給付される貧困家庭一時扶助は州政府が運営するものである。

②　補足的栄養支援（フードスタンプ）

　低所得者世帯に対し食料を支給するが，これは必要な食料を買うための現金や調理済みの食事を支給するのではなく，食料購入に使用できる一種のクレ

ジットカードを支給する。単身世帯の場合は月額19200円（2019年）を上限として支給される。なお，2019年では3622万人となっており人口の12％が受給している。

③　**メディケイド**

貧困世帯の子どもや妊婦，補足的所得保障を受けている高齢者や障害者など一定の条件を満たす低所得世帯に対して公的医療扶助を行うメディケイドという仕組みがある。アメリカではいかなる医療保険の適用を受けていない無保険者が2746万人（人口の8.5％，2018年）いる。それでもオバマケアによる無保険者への対策として，メディケイドの対象範囲が広げられて以前に比べて無保険者は減少している。なお，メディケイドの受給者は5782万人（人口の17.7％，2018年）である。

4.2　スウェーデンの公的扶助制度

スウェーデンには保証年金という仕組みがあるために，スウェーデンの公的扶助は比較的高齢者の受給者の割合は少ないと考えられる。日本においては保険料納付期間や保険料の納付額などにより給付が決まり，最低生活費以下の年金給付となる場合があるが，スウェーデンでは所得比例年金などの給付が一定水準以下の場合は，税財源による保証年金が支給される。

総務省「生活保護に関する実態調査結果報告書」では，受給期間別被保護世帯についての調査が発表されており，それによると，日本の受給期間が1年以上の世帯の受給者世帯全体に対する割合は約85％と長期受給者の割合が非常に大きい。長期受給者が多い理由としては，日本の生活保護制度は高齢者世帯の受給割合がかなり大きいためである。それは他の国では生活保護制度（公的扶助制度）ではなく他の制度による支援があることが大きいと言える。杉村・岡部・布川（2008）によると，スウェーデンでは公的扶助を受給する稼働能力がある支給者は，就労支援プログラムへの参加が義務付けられ，そのような支援プログラムに参加しない場合は，支給が停止させることがあるなど，自立が強く促されていると言える。

5 今後の生活保護制度

　今後の生活保護制度はどのようになっていくのであろうか。考えられること
としては，支給がこれから削減され続けるであろう。母子加算については廃
止・復活を経て今に至るが，老齢加算（老齢加算は原則70歳以上の生活保護受
給者に対し，基準生活費に一定額を上乗せ支給する制度）は廃止された。今後
は生活扶助基準の見直し，デフレを考慮した給付の見直しなど給付に関しては
一層削減されることが予想される。

　この理由としては，世論のバッシングがあるだろう。最低生活費以下で働い
て収入を得て暮らしている人がいる一方で，生活保護費をギャンブルなどに使
う，扶養義務者は裕福な生活をしているのに扶養しないなどのニュースが流れ
るたびに生活保護制度はより締め付けられている。しかし，誰にでも貧困状況
に転落する可能性は十分にある。その時に，最後のセーフティーネットとして
の生活保護制度が貧弱なものであれば，貧困状態を改善することはできず，そ
れが社会保障制度であるとは言い難い。

　今後は高齢化が進みますます生活保護受給者は増えることが考えられる。生
活保護制度の財政負担が持続可能であり続けるためには，できるだけ新規の生
活保護受給者を抑制していくことによって，例えば若年期において就労して自
立する仕組みを整えることが必要である。そのためには，ケースワーカーによ
る支援が一層重要となろう。間違えても，水際作戦で抑制すべきものではない。

■注
1) 上に凸という形状については，第18章の図表18－5で示されているものである。

演習問題　(第10章〜第11章)

A．次の内容について説明しなさい。

1．生活保護の受給要件について「資産」「世帯単位」の言葉を用いて説明しなさい。

2．生活扶助基準額を「世帯構成」「居住地」の言葉を用いて説明しなさい。

3．高等学校等就学支援金制度とは何かを説明しなさい。

4．生活保護世帯となった場合，国民健康保険に加入していた場合はどのような扱いとなるのか。さらに医療を受けるのに必要な医療券について説明しなさい。

5．生活保護制度の地方負担について説明しなさい。

6．生活保護を受けている世帯について世帯類型別に見た場合に，どのような特徴が見られるか。

7．生活保護と最低賃金の逆転現象について説明しなさい。

8．ケースワーカーの仕事について説明しなさい。

9．日本の公的扶助（生活保護）の状況として諸外国と比べて見られる特徴を「給付水準」「生活保護の利用率（捕捉率）」の観点から説明しなさい。

10．日本における生活保護制度における扶養義務の親族の範囲について説明しなさい。

11．アメリカの公的扶助の１つに補足的栄養支援（いわゆるフードスタンプ）というものがあるがそれについて説明しなさい。

12．アメリカのメディケイドについて説明しなさい。

13．公的扶助（生活保護）の長期受給者についてスウェーデンと日本を比較して説明しなさい。

14．生活保護制度における濫給と漏給とは何かを説明しなさい。

15．生活保護法の一部を改正する法律について（平成26（2014）年７月１日施行），不正不適正対策の強化として福祉事務所の調査権限がどのように拡大されたか説明しなさい。

16．生活保護法の一部を改正する法律について（平成26（2014）年７月１日施行），就労による自立の促進として就労自立給付金が創設されたが，それは

何か説明しなさい。

17. スウェーデンの保証年金について日本の年金制度と比較して説明しなさい。

B. 生活保護制度の経済分析に関する次の問題に答えなさい。

1. ある個人の効用関数がU＝YLで与えられるとする（U：効用　Y：所得　L：余暇）。

　　単位時間当たりの賃金は2000円でこの個人は1単位の時間を持っており余暇と労働に充てる。

　　a．この個人が選択する労働時間と効用水準を求めなさい。

　　b．ここで政府が所得Aに満たない者については，所得Aと実際の所得の差を支給する政策を行うとする。この個人が働くのをやめる所得Aの水準を求めなさい。

2. 再分配政策に関する次の問題に答えなさい。

　　a．貧困のわな（福祉のわな，失業のわな）とは何かを説明しなさい。

　　b．日本の生活保護制度においては貧困のわなが起き得る可能性があるが，その理由を「補足性の原理」の観点から説明しなさい。

　　c．負の所得税制度やベーシックインカム制度を導入することにより貧困のわなに陥ることを防ぐことができると考えられるが，その理由をこれらの制度に即して説明しなさい。

　　d．再分配政策を行う上で考えなければならないことを「ラッファー曲線」の観点から説明しなさい。

　　e．勤労意欲を増進させるものとして生活保護制度では就労収入に対する収入認定としてはどのような扱いがなされているかを説明しなさい。

C. 次の問題について考えなさい。

　　生活保護制度には生活扶助のような現金給付もあれば，医療扶助のような現物給付もある。アメリカの補足的栄養支援では食料を購入できるある種のプリペイドカードを配布する現物給付の形をとっている。このような仕組みを日本に導入することについてはどう思うか。

第12章

雇用に関する社会保障
——労働者を取り巻く様々な仕組み

> **本章の目的**
>
> 　生活をするためにはお金が必要である。十分な資産があれば生活できるが，そうでなければ働いて所得を稼ぐ必要がある。また働くことは憲法にも国民の義務として明記されている。働くことを日常生活から抜いて考えることは困難である。しかし，いつまでも働き続けられるとは限らない。不幸にも会社の業績が悪化して退職せざるを得ない場合がある。その時にはどのような社会保障制度を利用することができるのであろうか。また社会保障制度として雇用の継続をどのように支援するのであろうか。

1　日本の労働事情

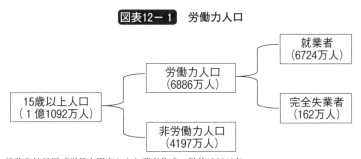

図表12−1　労働力人口

（出所）総務省統計局「労働力調査」より著者作成。数値は2019年。

　図表12−1は日本の労働力人口などを示したものである。労働力人口とは，15歳以上人口のうち，就業者（従業者（収入を伴う仕事をした者，家族従事者は無給でも含む）と休業者）と完全失業者を合計した数値である。完全失業者は次の３つの条件を満たす者である。

① 仕事がなくて調査週間中に少しも仕事をしなかった。

② 仕事があればすぐ就くことができる。

③ 調査週間中に仕事を探す活動や事業を始める準備をしていた。

　この定義によれば，かつては求職のためにハローワークに通って積極的に就職活動をしていたものの，希望の条件の仕事がなく，求職をあきらめた場合は完全失業者に入らないこととなる。

　非労働力人口とは，就業者と完全失業者以外の者であり，学生で通学している者，専業主婦（主夫）などで家事をしている者や高齢者などが含まれる。労働経済の事情を知る上での指標としては，完全失業率と労働力人口比率がある。完全失業率と労働力人口の比率は次の式で計算される。

$$完全失業率 = \frac{完全失業者数}{労働力人口} \times 100\%$$

$$労働力人口比率 = \frac{労働力人口}{15歳以上人口} \times 100\%$$

　図表12－2で示されているように，労働力人口比率は低下傾向にある。日本は今後，高齢化のため労働力人口が減っていく。それを補うための方法として，

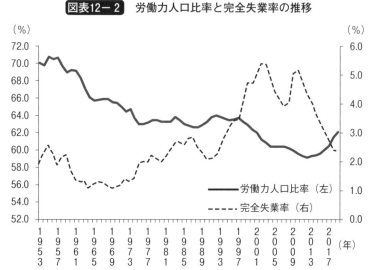

図表12－2　労働力人口比率と完全失業率の推移

（出所）総務省統計局「労働力調査」より著者作成。

現在，非労働力人口に加えられている専業主婦（主夫）を労働力人口化するように，育児と仕事の両立を可能とする政策を政府は行っている。

2　雇用保険制度の概要

雇用保険法は政府が管掌する強制保険制度である。労働者を雇用する場合は，原則として雇用保険に加入することになる[1]。雇用保険法では次のような場合において給付が行われると示している。

① 労働者が失業した場合

② 雇用の継続が困難となる事由が生じた場合

③ 労働者が自ら職業に関する教育訓練を受けた場合

雇用保険は失業した際の給付を受ける保険と一般的には考えられるが，失業以外の様々な場合において給付が行われている。

生活および雇用の安定と就職の促進のために失業等給付を支給するものである。また，雇用状態の是正および雇用機会の増大，労働者の能力の開発および向上，その他労働者の福祉の増進を図るための事業（雇用安定事業，能力開発事業）も行う。

事業所で労働者を1人でも雇った場合は，雇用保険に原則として加入しなければならないが，個人経営で5人未満の労働者を雇用する農林水産業の場合，加入は任意となる。雇用保険の被保険者の種類は次の通りである。

① 一般被保険者：下記②〜④以外の者

② 高年齢継続被保険者：65歳以上の被保険者であって③，④に該当しない者

③ 短期雇用特例被保険者：季節的に雇用される者

④ 日雇労働被保険者：日々雇用または30日以内の期間を定めて雇用される者

なお，パートやアルバイトといった短時間雇用者であっても，「1週間の所定労働時間が20時間以上である」，「31日以上の雇用見込みがある」場合は，雇用保険の被保険者となる[2]。

3 基本手当

　雇用保険の被保険者が，定年，倒産，契約期間の満了により離職（事業主との雇用関係が終了すること）し，失業状態にある場合に基本手当を受けることができる（被保険者が離職し，労働の意思および能力を有するにもかかわらず，職業に就くことができない状態である）。基本手当とは，失業した日に応じて給付されるものであり，一般被保険者に対する失業等給付として，求職者給付に区分されるものである。雇用保険の給付の種類は**図表12-3**のようにまとめることができる。

　基本手当を受け取る条件は次の2つである。

①　ハローワーク（公共職業安定所）で求職の申し込みを行うこと

②　一定以上の雇用保険の被保険者期間

　①に関してはハローワークに来所して，求職の申し込みを行う必要があるが，病気やけがなどですぐに就職することができない場合，自営業を始めた場合や家事に専念する場合などは，失業には当たらないため，基本手当をもらうことができない。②に関しては，一般被保険者が離職した場合，離職日から2年の間に被保険者期間が12ヶ月以上必要である。倒産，解雇などによる離職者また

図表12-3　雇用保険の給付の種類

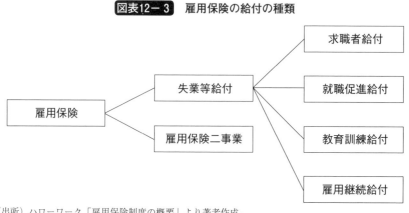

（出所）ハローワーク「雇用保険制度の概要」より著者作成。

図表12-4　給付制限

①	離職理由によるもの	（自己都合退職，重責解雇）３ヶ月間の給付制限
②	職業紹介を拒んだ場合	１ヶ月間の給付制限
③	不正行為(注)	受給権はなくなる

（注）不正行為の例としては，就職や就労を申告しなかった場合などが当たる。このような不正受給を行った場合は，受給権はなくなり，３倍にして返還しなければならない。

図表12-5　基本手当の給付額

60歳未満

賃金日額	給付率	基本手当日額
2500～5010円	80%	2000～4007円
5010～12330円	80～50%	4008～6165円
12330～16660円 （12330～15140円）	50%	6165～8330円 （6165～7570円）

60歳～65歳未満

賃金日額	給付率	基本手当日額
2500～5010円	80%	2000～4007円
5010～11090円	80～45%	4008～4990円
11090～15890円	45%	4990～7150円

（注）額は2020年のもの。なお，60歳未満のかっこ内の数字は45歳未満の場合である。
（出所）厚生労働省「雇用保険の基本手当（失業給付）を受給される皆さまへ」より著者作成。

は有期労働契約が更新されなかったなどの場合は，離職日から１年の間に被保険者期間が６ヶ月以上必要である。

　しかし，ハローワークに来所して，求職の申し込みをして直ちに基本手当がもらえるわけではなく，７日間の待機期間を経る必要がある。その待機期間を経て，基本手当が受け取れる。しかし，**図表12-4**に当たる場合は，給付が制限されることになる。

　失業の認定は４週間ごとに行われる。認定が行われるごとに基本手当を受け取ることができる。

　基本手当の支給日額と日数は，離職前賃金や年齢，離職理由などによって異なる（**図表12-5**，**図表12-6**）。基本手当の日額は賃金日額×給付率で与えられる。賃金日額は離職した日直前６ヶ月前に決まって支払われた賃金から算出される金額であり，**図表12-7**で示されるように年齢別の下限額，上限額が決まっている。

図表12-6 所定給付日数

倒産，解雇などによる離職者

被保険者であった期間	1年未満	1年～ 5年未満	5年～ 10年未満	10年～ 20年未満	20年以上
30歳未満	90日	90日	120日	180日	－
30歳～35歳未満		120日	180日	210日	240日
35歳～45歳未満		150日	180日	240日	270日
45歳～60歳未満		180日	240日	270日	330日
60歳～65歳未満		150日	180日	210日	240日

一般の離職者

被保険者であった期間	1年未満	1年～ 5年未満	5年～ 10年未満	10年～ 20年未満	20年以上
全年齢	－	90日	90日	120日	150日

就職困難な者（障害者など）

被保険者であった期間	1年未満	1年～5 年未満	5年～10 年未満	10年～20 年未満	20年以上
45歳未満	150日	300日			
45歳～65歳未満		360日			

（出所）ハローワーク「雇用保険制度の概要」より著者作成。額は2020年のもの。

図表12-7 賃金日額の下限額，上限額

	賃金日額下限額	賃金日額上限額
30歳未満	2500円	13630円
30歳～45歳未満		15140円
45歳～60歳未満		16660円
60歳～65歳未満		15890円

（出所）ハローワーク「雇用保険制度の概要」より著者作成。額は2020年のもの。

　基本手当は失業している間ずっと受けられるわけではない。基本手当が支給される日数の上限として「所定給付日数」が定められている。所定給付日数は，被保険者であった期間と離職の理由によって決まる。

　自己都合退職者に比べて，倒産，解雇などによる離職者や就職困難な者については所定給付日数が多くなっている。なお，雇用保険の受給期間は原則として１年間であり，その期間を超えて給付を受けることはできない。受給期間に病気やけがなどで30日以上働くことが可能ではなかった場合は，失業とは認定されないため，基本手当を受け取ることができない。その働くことが可能ではなかった日数分は受給期間に加えられることとなる[3]。

4　就業促進手当

　就業促進手当は**図表12−8**で示されるように様々な手当がある。失業給付をもらっている途中で再就職が決まると，給付日数を一部残して再就職することとなる。この場合，基本手当の給付残日数が所定給付日数の一定割合以上ある場合は，再就職手当等の就業促進手当を受けられる。

　本来は，失業に際して与えられる給付は安心して求職活動を行うためのものであるが，給付を残すともったいないと考えて，求職活動を熱心に行わない可能性がある（モラルハザード）。そのような問題に対する対応策と考えることもできる。

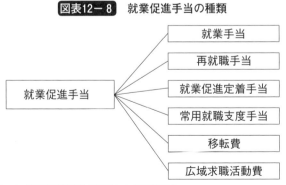

図表12−8　就業促進手当の種類

就業促進手当
- 就業手当
- 再就職手当
- 就業促進定着手当
- 常用就職支度手当
- 移転費
- 広域求職活動費

（出所）ハローワーク「雇用保険制度の概要」より著者作成。

再就職手当とは，受給資格者が所定給付日数の３分の１を残して，安定した職業に就いた場合に支給される。支給額は支給残日数の50％×基本手当日額である（３分の２を残している場合は，50％が60％になる）。再就職手当の対象とならない雇用形態で就職した場合（常用雇用での形態以外など）は，所定給付日数の３分の１以上かつ45日以上残していた場合，就業日ごとに基本手当日額の30％相当額が支給される。

また，再就職後６ヶ月間定着し，離職前の賃金から再就職後賃金が低下した場合は，低下した賃金の６ヶ月分が支払われる就業促進定着手当が，障害者や45歳以上で再就職援助計画対象者の場合では再就職した際に一定の支給残日数がある場合に常用就職支度手当が，ハローワークの紹介した職業に就くために引っ越しをする場合は移転費が，ハローワークの紹介により広範囲にわたる就職活動をする場合は広域求職活動費が支給される。

5　教育訓練給付

総務省統計局の資料によれば，摩擦的失業とは，労働者が自らの好みやスキルなどに合う職を探すのに時間がかかることによって発生する失業である。この失業は一時的なものである。一方で，労働者の持つスキルと企業が要求するスキルにずれが起きることによって発生する構造的失業というのもある。この失業は短期間では解消しがたい。これらの失業は雇用のミスマッチと言われるものである。日本の産業構造の転換で，製造業などの労働需要が減る一方で，情報関連産業の労働需要が増えた。情報関連の知識がなければ，情報関連産業に勤められない。その技能を持っていなければ，職を探し続けなければならない。情報関連の技能を習熟するためには専門学校に通うなどして費用を払い学ぶ必要がある。情報関連に限らず，就職の機会を増やすためにはこのような学びは必要ではあるが，費用がかかるために，積極的に学べない事情もあろう。

教育訓練給付制度とは，働く者の主体的な能力開発の取り組みを支援し，雇用の安定と再就職の促進を図ることを目的として導入された制度である。具体的には，教育訓練のためにかかった費用の一部を雇用保険が支給し，教育訓練を促進する仕組みである。教育訓練を通じて技能を身につければ，就業の機会

も増え，それは結果的に雇用の安定と再就職の促進に貢献する。

　この教育訓練給付は被保険者である者または被保険者でなくなってから１年以内にある者が，厚生労働大臣の指定する教育訓練を受ける場合に受けられる。この教育訓練給付は一般教育訓練に係る教育訓練給付金と専門実践教育訓練に係る教育訓練給付金がある。

　一般教育訓練に係る教育訓練給付金は，被保険者期間が３年以上（初回は１年以上）で，当該訓練開始日前３年以内に教育訓練給付金を受給したことがなければ給付を受けられる。給付水準は，教育訓練に要した費用の20％相当額（上限10万円）である。対象の講座は医療・福祉関係，事務関係など幅広く指定されている。

　専門実践教育訓練に係る教育訓練給付金は，被保険者期間が10年以上（初回は２年以上）で，当該訓練開始日前３年以内に教育訓練給付金を受給したことがなければ給付を受けられる。給付水準は，教育訓練に要した費用の50％相当額（上限年間40万円）である。さらに，訓練修了後１年以内に，資格取得などして被保険者として雇用された（または雇用されている）場合には，当該教育訓練に要した費用の20％相当額（上限年間16万円）の追加支給を受けることができる。専門的・実践的であると認められる訓練が給付の対象として指定されている。

6　雇用継続給付

　雇用継続給付には，高年齢雇用継続給付，育児休業給付，介護休業給付がある（**図表12-9**）。

　雇用保険と言えば，求職者給付などの失業した場合に給付するという仕組みを想定しがちであるが，雇用の継続を促す給付も雇用保険で行っている。育児休業給付については，第13章で説明することとし，ここでは高年齢雇用継続給付と介護休業給付について説明したい。

　高年齢雇用継続給付については高年齢雇用継続基本給付金と高年齢再就職給付金がある。ここでは，高年齢雇用継続基本給付金について説明したい。被保険者であった期間が５年以上ある60歳〜65歳未満の労働者であり，60歳以後の

各月に支払われる賃金が原則として60歳時点の賃金額の75％未満となった状態で雇用を継続する高年齢者に対して，支給するという仕組みである。

例えば，60歳時点の賃金が月額30万円であり，60歳以後の各月の賃金が18万円に低下した場合を考えよう。賃金は60％に低下しているが，この時の支給率は15％である。従って，1か月当たりの賃金18万円の15％に相当する額が支給される2万7千円が高年齢雇用継続基本給付金として支給される。

図表12－10を見ても分かるように日本の高年齢者の労働参加率は高い。日本

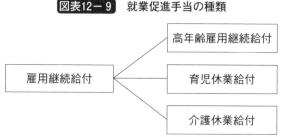

図表12－9 就業促進手当の種類

（出所）ハローワーク「雇用保険制度の概要」より著者作成。

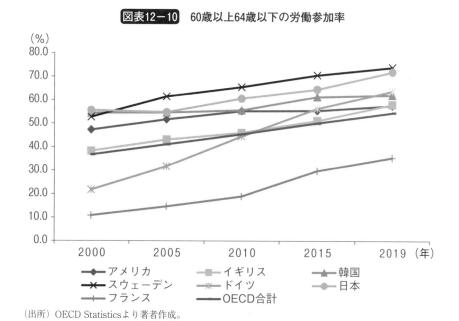

図表12－10 60歳以上64歳以下の労働参加率

（出所）OECD Statisticsより著者作成。

の政府は，高齢者の安定した雇用の確保のために，「高年齢者等の雇用の安定等に関する法律」を制定し，企業に，定年制の廃止，定年の引上げ，継続雇用制度の導入のいずれかの措置を講じるよう義務付けている。

　次に介護休業給付について説明したい。対象家族1人につき，要介護状態に至るごとに1回，通算93日まで労働者が休業できる介護休業制度である。この休業の際に，雇用保険制度から介護休業給付を受けることができる。介護休業給付の各支給対象期間（1ヶ月）ごとの支給額は，原則として休業開始時賃金日額×支給日数×40％である。

7　労働者災害補償保険

　労働者を守る社会保険として，労働者災害補償保険（労災保険）がある。この保険は強制加入の保険であり，全額事業主負担である。例えば，業務上でけがをした場合は，健康保険による給付ではなく，労災保険による給付が行われる。給付の種類としては，例として**図表12−11**のように挙げられる。

　なお，たとえ仕事と関連して病気になったとしても，業務上の疾病の認定としては次の条件を満たさなければならない。

① 「労働の場に有害因子が存在していること」
② 「健康を害するほどの有害因子にさらされたこと」
③ 「発症の経過と状態が医学的に妥当であること」

図表12−11　労災保険の給付

療養補償給付	業務災害または通勤災害による傷病により療養する際に給付（原則として自己負担はなし）
休業補償給付	業務災害または通勤災害による傷病の療養のため働けず，賃金を得られない時に給付
障害補償給付	業務災害または通勤災害による傷病が治癒した後に障害が残った際に給付
遺族補償給付	業務災害または通勤災害により死亡した際に遺族に対して給付

（出所）厚生労働省「労災保険給付の概要」より著者作成。

　長時間労働でうつ病を発症し，自殺をしてしまった場合でも上記の条件を満たしているとみなされなければ労災として認められないということになる。最終的には裁判により業務上の疾病かどうかを決めることとなる。

　この労災保険については労災隠しについても説明する必要があるだろう。労災隠しとは，業務災害が発生して労災保険での治療が必要であるにもかかわらず，労災保険を使わないといったことである。労災保険の保険料はメリット制という仕組みがあり，業務災害の程度に応じて保険料が変わるため，労災隠しの動機が生まれる。また，業務災害が発生すれば，労働環境が適切かどうかの調査が入ることは必至であり，そのような状況を回避したいというのもあるだろう[4]。

8　働くことに対する社会保障はどうあるべきか

　雇用保険の形はどうあるべきか。失業の際に給付される基本手当が早期の就労を妨げるモラルハザード（失業給付をもらうために就労を遅らせる行動）をもたらしているという指摘がある[5]。しかし，あまりに短くして，就職を急がせてしまうと，職探しに十分な時間を割けないために自分の好みなどにあった職場につけなくなり，自分の好まない職場で働く可能性も高まる。その結果仕事が合わず再び失業となってしまい，社会全体で雇用を増やしていきたい政策をとっている中では問題となってしまう。諸外国を見ると，ドイツやフランスではかなり長い給付期間となっている。雇用の安定のためにじっくりと職を探す期間を与えるというのは，社会にとって，モラルハザードの問題は看過できないものの望ましいことである。

　今後，日本は労働力人口が減っていくために，税収や社会保険料収入の確保のために労働力人口も確保していかなければならない。そのためには，非労働力人口化していた，高齢者や専業主婦（主夫）による労働供給を考えていかなければならなくなるだろう。そのための雇用継続給付は必要な政策であると考えられるが，そもそも高齢者の場合は健康状態の問題があるだろうし，子育て世帯の場合は，仕事と育児の両立が容易ではないという問題がある。これらの問題は雇用保険の給付だけで解決できる問題ではない。

また，現在働いている労働者の健康にも十分に配慮する必要がある。労災保険等を整備するなど職場環境を整えることは，現在働いている労働者の健康状態の悪化を防ぐことができ，それは長期的な労働供給の確保につながる。労働供給を確保するために行うべき政策は多い。

■注

1）雇用保険制度については，厚生労働省，ハローワークのホームページに詳細に説明がなされている。特に断りがない場合は，厚生労働省，ハローワークの説明を参考にしている。
2）ただし，学生は原則適用除外となる。
3）ハローワークに来所し，求職の申し込みをした後に15日以上引き続いて病気やけがのために働くことが可能でない場合は，傷病手当を受けることができる。14日以内の疾病または負傷の場合には基本手当が支給される。
4）メリット制についての詳しい説明は厚生労働省「労災保険のメリット制について」参照。
5）Boeri and van Ours（2013）では，スロベニアの失業給付の改革についての研究を紹介しており，失業給付の期間が短くなることによって，失業期間が短くなったことを示している。

演習問題 （第12章）

A．次のかっこ内に語句，数字を入れなさい。

1．次の文章は雇用保険制度の概要である。

雇用保険制度は次にあげる給付を行う。

① 労働者が（　　　　）した場合

② 雇用の（　　　　）が困難となる事由が生じた場合

③ 労働者が自ら職業に関する教育訓練を受けた場合

④ 求職活動を容易にするなどその就職を（　　　　）するための給付

2．次の文章は雇用保険の加入についての説明である。

次に該当する労働者は，事業所規模に関わりなく，原則として，すべて雇用保険の被保険者となる。

① 1週間の所定労働時間が（　　　　）時間以上であること。

② （　　　　）日以上の雇用見込みがあること。

3．次の文章は求職者給付に関する説明である。

受給資格者の3つの要件は次の通りである。

① （　　　　）の確認を受けたこと。（　　　　）とは事業主との雇用関係が終了すること。

② （　　　　）の状態であること。（　　　　）とは被保険者が離職し，就職の意思と能力があり，積極的に求職活動を行っているにもかかわらず，職業に就くことができない状態。

③ 離職日以前2年間に被保険者期間が通算して原則12ヶ月以上あること。

B．次の問題について考えなさい。

2020年の新型コロナウイルス感染拡大の状況において，雇用の喪失を防ぐべく，雇用保険制度だけでなく，雇用保険制度外の制度も積極的に活用された。現状の雇用保険制度はどういう点が不十分であろうか。また，雇用保険制度外の制度は雇用保険制度を補完する役割を担っているだろうか。

第13章

育児を取り巻く政策
──育児支援政策①

> **本章の目的**
>
> 　少子高齢社会の日本では，高齢者が増加する一方で出生率は低い水準で推移している。低水準の出生率は将来における労働力人口の低下をもたらし，社会保障給付に必要な税収や社会保険料収入を十分に集めることができず，社会保障制度の持続可能性に大きな問題をもたらすこととなる。従って，出生率を増やすことは必要である。そのための政策となる育児支援政策は様々な形がある。本章ではどのような育児支援政策が行われているのか示したい。

1　育児休業制度

　育児・介護休業法では「労働者は，申し出ることにより，子が1歳に達するまでの間，育児休業をすることができる（一定の範囲の期間雇用者も対象となる[1]）。一定の場合，子が1歳6か月（または2歳）に達するまでの間，育児休業をすることができる。」と定めている。この一定の場合とは，保育所の入所を希望しているものの，入所できない場合や子の養育を行う者が事情により養育することが困難となった場合などが当てはまる。

　育児または家族の介護を行う労働者の職業生活と家庭生活との両立が図られるよう支援することによって，仕事を辞めて子どもを持つといった選択や仕事を辞めることができないから子どもを持つことをあきらめるといった二者択一の問題にすることなく，仕事を続けながら子どもを持つことができるといった選択を可能とする。

　パパ・ママ育休プラスというものがあり，父母がともに育児休業を取得する場合は育児休業の期間が延長され，子が1歳2ヶ月になるまでの間に父母それ

ぞれ1年間まで育児休業を取得できる。

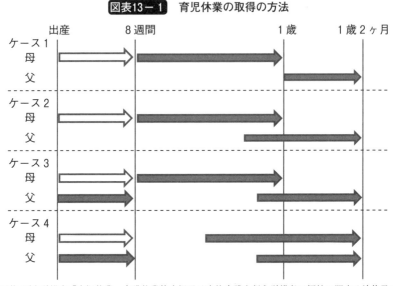

図表13－1　育児休業の取得の方法

（出所）厚生労働省「育児休業，介護休業等育児又は家族介護を行う労働者の福祉に関する法律及び雇用保険法の一部を改正する法律の概要」を参考に著者作成。

　図表13－1は様々な育児休業の取得方法を示したものである。出産から8週間までの白の矢印の休業は産後休業である。労働基準法では，使用者は産前6週間（42日以内）に出産する予定の女性が休業を申請した場合は働かせてはならず，また，産後8週間（56日）を経過しない女性も働かせてはならないことが明記されている。この間の賃金について使用者は支払う必要はない[2]。

　出産に関する給付で出産育児一時金制度について説明したい。出産育児一時金制度とは，健康保険や国民健康保険などの被保険者またはその被扶養者が出産したとき，出産に要する経済的負担を軽減するため，一定の金額が支給される制度である。正常な出産にかかる分娩費用は原則健康保険から支給される療養の給付の対象外であるため，その費用をカバーする制度であると言える。支給額は42万円である。

　ケース1の場合は，産後休業の後に母親だけ育児休業を取得した場合であり，子が1歳になるまで取得が可能である。しかし，パパ・ママ育休プラスの仕組

図表13−2　育児休業給付の支給額

支給額	＝	休業開始時賃金日額	×	支給日数	×	67％（6ヶ月経過後は50％）

(出所) ハローワークインターネットサービス「雇用継続給付」を参考に著者作成。休業開始時賃金日額は，休業開始前6ヶ月間の賃金を180で割ったものである。給付額には上限がある。

みにより父親も育児休業を取れば，父親は，子が1歳2ヶ月になるまで取得ができる。ケース2や3のように父と母が重なって取得も可能であり，ケース3や4のように2回に分けて取ることもできる。父母合わせて取得する場合は子が1歳2ヶ月になるまで取得ができるが，父と母はそれぞれ1年間までしか取得できない[3]。

　この育児休業中は無給ではあるが，雇用保険の被保険者であれば，育児休業をした場合に，一定の要件を満たせば育児休業給付の支給を受けることができる[4]。支給額は**図表13−2**の通りである。1歳に満たない子を養育するための育児休業に対して支給を受けることができるが，パパ・ママ育休プラスにより子が1歳2ヶ月になるまで育児休業を取得できる場合は，それまでの間の最大1年間の育児休業給付の支給を受けられる。

　子が1歳になって保育園に預けることができて仕事を再び始めたとしても，子どものいない時期のように働くことは難しい。保育所に預ける時間は決まっているし，子どものための食事なども用意しなければならない。さらに体の抵抗力が弱いなどで看護するなど，親と一緒にいる時間は必要である。育児休業は仕事を辞めることなく育児の後に仕事の場に復帰することを後押しする政策であるが，実際，仕事の場に復帰してから育児と両立できるための仕組みも必要である。その仕組みとしては，勤務時間の短縮などの措置がとられており，事業主に対し，3歳に達するまでの子を養育する労働者について，短時間勤務の措置（1日原則6時間）を義務付けている。また，小学校就学前までの子を養育している労働者が請求した場合に，1ヶ月24時間，1年150時間を超える時間外労働や深夜業を法律で制限している。さらに，小学校就学前の子が1人であれば年5日，2人であれば年10日を限度とした子の看護休暇付与を事業主に対し義務付けている。

　妊娠したことで産休と育休の取得を希望したら，会社を辞めることになった

図表13－3 スウェーデンと日本の比較

	スウェーデン	日本
女性労働参加率(左は30～34歳, 右は35～39歳)	87.8%, 90.5%	76.9%, 74.8%
男性の育児休業取得率	88.5%	6.16%
合計特殊出生率	1.75	1.42

(出所)内閣府「男女共同参画白書 令和元年版」,高橋(2018),内閣府「令和2年版 少子化社会対策白書」より著者作成。

という事例は多いという。いわゆるマタハラの問題である。育児休業の仕組みとして整えているものの,それを利用できるような仕組みも同時に整えていかなければならないと言える。

　また,日本の男性の育児休業取得率は低いと言われている。スウェーデンと比較すると,**図表13－3**で示されているように低いことが分かる。

　育児支援政策の取り組みが積極的であるスウェーデンと日本の比較を行いたい。日本の男性の育児休業取得率はとても低い。2018年度の厚生労働省の調査データでは育児休業取得率は女性で82.2%,男性が6.16%と女性は多いものの男性は少ない。この理由として,松田(2006)では,夫の収入が家計を支えている家庭が大半の中で,夫が育休を取ることは,家計の圧迫につながるのではないかと説明している。また,育児休業による就業の中断によりその後のキャリアにも影響することがあれば,育児休業を取得せず働き続けるといったことや,育児休業の取得を短くするといったことも考えられるだろう。

　また,労働政策研究・研修機構の資料によれば,2019年の日本の専業主婦率は32%と高く,日本経済新聞の記事では,専業主婦志向の女性は3人に1人であることを示している。専業主婦志向が女性の労働参加率を抑えているのか,女性の労働参加率が高まらないのは育児と仕事の両立が難しいからなのか,ここは詳細に考慮する必要があるだろう。

2　児童手当

　育児休業制度は子どもを育てるための時間を確保し，育児休業給付はその間の所得保障を行う政策であると言える。育児休業給付は育児休業の間だけであり，雇用保険の被保険者でなければならないなど制約が多いが，児童手当は非常に幅広い世帯に対して行われる金銭的な給付である。

　支給対象は，中学校終了まで（15歳に到達後の最初の年度末まで）の国内に住所を有する児童であり，受給資格者は監護・生計要件を満たす父母など（児童が施設に入所している場合は施設の設置者など）である。手当の月額は**図表13－4**の通りである。

　この水準がどの程度のものであるのかを把握するために，フランスとスウェーデンのデータと比較をしよう（**図表13－5**）。

図表13－4　児童手当制度の概要

0～3歳未満	一律15000円
3歳～小学校終了まで	第1子，第2子：10000円，第3子以降：15000円
中学生	一律10000円
所得制限以上	一律5000円

（出所）内閣府「児童手当制度の概要」より著者作成。所得制限の基準額は960万円（夫婦と児童2人，年収ベース）。

図表13－5　各国の児童手当制度

	日本	スウェーデン	フランス
支給対象	中学校修了までの児童 第1子から	児童手当は原則16歳未満 高校卒業までは延長児童手当を支給	20歳未満の児童 第2子から
支給月額	0～3歳未満　15000円 3歳～小学校修了まで 第1子，第2子 10000円 第3子以降　15000円 中学生　10000円	月額約14000円 多子加算ボーナスあり	収入に応じて月額約11000円～22000円 N分N乗方式により所得税額が算出され，子どもが多いほど所得税額が低くなる。

（出所）内閣府「第3回選択する未来2.0　配賦資料2　参考資料」より著者作成。

　日本の児童手当の仕組みをほかの国と比較してみると，まず，スウェーデンには多子加算ボーナスがある。日本においても，一部の年齢範囲では第３子以降で金額が引き上げられる多子加算ボーナスのようなものがある。また，フランスでは所得税の負担が小さくなる仕組みがとられている。単純に言うと，Ｎ分Ｎ乗方式では家族の人数が増えれば，所得税額は少なくなるため，ある種の金銭的給付を受けているように考えることができる。一方，日本では，所得税の計算においてかつては扶養控除として所得控除が可能で，税負担を低くすることができたが，現在では児童手当にとって代わり，16歳未満の子どもを育てる場合の扶養控除は利用できない。

　あと，日本とフランスには給付における所得制限が存在している。所得の多い世帯では十分な子育て費用をねん出することができると考えられるため必要ないと考える人は多いであろう。子どもは将来においては労働力人口となり，国の社会保障制度などを支えることになる。ある一定の労働力人口を確保する必要が国にはあり，一種の投資とみなして，そのために費用はむしろ国が払うべきだというように考えることもできる。

　ここで，諸外国の育児支援政策の規模と出生率について見てみよう（**図表13－6**）。

　合計特殊出生率とは，「15～49歳までの女性の年齢別出生率を合計したもの」で，１人の女性がその年齢別出生率で一生の間に生むとしたときの子どもの数に相当する。具体的には，ある期間（１年間）の出生状況に着目したもので，その年における各年齢（15～49歳）の女性の出生率（期間合計特殊出生率）を合計したものである。女性人口の年齢構成の違いを除いた「その年の出生率」であり，年次比較，国際比較，地域比較に用いられている[5]。

　図表13－6を見ると，家族関係社会支出の規模が大きい国では高い合計特殊出生率を達成していることが分かるだろう。日本においてもより積極的な育児支援政策を行い，家族関係社会支出をより高めていくことによって合計特殊出生率の引き上げを考えていかなければならない。

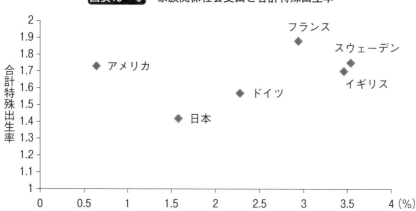

図表13－6　家族関係社会支出と合計特殊出生率

(注)　合計特殊出生率のデータは2018年，家族関係社会支出対GDP比は2017年のものである。家族関係社会支出には，現金給付（出産に関する給付や児童手当など）と現物給付（保育所に対する補助金など）が含まれている。
(出所)　内閣府「令和2年版　少子化社会対策白書」より著者作成。

3　児童扶養手当

　父母の離婚などで父または母と生計を同じくしていない子どもが育成されるひとり親家庭に対して支給される。児童手当は幅広い子育て世帯に対して支給されるのに対し，児童扶養手当はより限定的な世帯に対する支給を行うように所得制限が設けられており，一定の所得以上の世帯はもらえない。手当の月額は，**図表13－7**で示されているように，子どもの数や受給資格者の所得によって決められる。

　児童扶養手当の額は，就労等により収入が増えれば，児童扶養手当の支給額が削減され，一部支給となる。厚生労働省の資料によれば，ひとり親家庭等に対する支援については，「母子及び父子並びに寡婦福祉法」などに基づき，次の4本柱からなる政策を行っている。

① 「子育て・生活支援策」 保育所の優先入所，生活支援策の実施
② 「就業支援策」 　　　　母子家庭等就業・自立支援センター事業，

　　　　　　　　　　能力開発のための給付金
③　「養育費の確保策」　　養育費相談支援センターの設置等
④　「経済的支援策」　　　児童扶養手当の支給
　　　　　　　　　　　　　母子父子寡婦福祉貸付金[6]の貸付け等

　ひとり親世帯，特に母子世帯で大きな問題となるのが経済的問題であると考えられる。**図表13-8**で示されているように，母子世帯の平均世帯所得は低い水準にある。これらの4つの柱はいずれも経済的な問題を解決する政策であると言える。保育所に優先入所させることによって働くことが可能となる時間を確保し，働くための支援として就業支援政策がある。もちろん，それだけでは不十分であるので，児童扶養手当の給付も必要である。養育費の確保も重要な問題であるが，水無田（2014）や赤石（2014）によれば，養育費をもらっている人は全体の19.7％，その一世帯当たり平均額は月額43482円（1人の子どもにとって必要な額は57000円と言われている）となっており，養育費の確保

図表13-7　児童扶養手当の支給額

子ども1人の場合

全部支給	43160円
一部支給	43150円～10180円

子ども2人以上の加算額

2人目	10190円　（全部支給の場合）
3人目以降1人につき	6110円　（全部支給の場合）

（注）支給額は2020年度のもの。
（出所）厚生労働省「児童扶養手当について」より著者作成。

図表13-8　一世帯当たり平均所得金額

	総所得	稼働所得
全世帯	545.8万円	403.7万円
児童のいる世帯	707.8万円	646.9万円
母子世帯	270.3万円	213.8万円

（出所）厚生労働省「ひとり親家庭の支援について」を参考に著者作成。

の政策も進めていくべきである。

　母子世帯の就業状況を見ると，母子世帯の81.8％が働いており，ひとり親世帯の就業率はOECD平均で66.5％であることを見ると，かなり就業率は高い。また，子育て世代の女性の就業率と比べても高い。また，母子世帯の就業している雇用形態を見ると，正規の職員・従業員が44.2％で多くがパート・アルバイト，派遣社員などである。雇用政策として，母子家庭における労働者がより安定した高い賃金を得られる仕事につけるように後押しをする政策を行うことによって生活は安定すると考えられるため，政策は早急に行わなければならないだろう。

4　教育補助政策

　教育費負担も子育てを行う上では考えなければならないものである。ノムコムの資料によれば，子どもが最初は私立の幼稚園でその後は小学校から高校までは公立で大学は国立の場合，900万円ほどの費用がかかる。中学校から私立でそのまま大学まで私立で理系に進んだ場合は1500万円かかる。学校外教育費の程度もあるので，これ以上費用がかかる可能性もある。教育費負担が少子化をもたらすことは先行研究でも指摘されている。

　日本の場合，中学校までは義務教育であるため，授業料などの費用はかからない。高等学校の場合は義務教育ではないため，費用負担が発生するが，高等学校の授業料に関しては，高等学校等就学支援金制度という仕組みで補助が行われる。これは国公私立問わず，高等学校等に通う一定の収入額未満（年収910万円）の世帯の生徒に対して，授業料に充てるための支援金を支給するものである。例えば，公立高等学校の場合は月額9900円を限度に支給が行われる。私立学校であれば，世帯の収入に応じてであるが，最大年間396000円の支給である。

　図表13－9は全教育段階での私費負担と公財政支出の程度を示したものである。日本の特徴として，学校教育費全体に占める公財政支出の割合は諸外国と比べて小さいことが分かる。高等学校の授業料に対する支援金を給付する政策では，高等学校の費用は賄えても，大学の費用は賄えないので，結局は，私

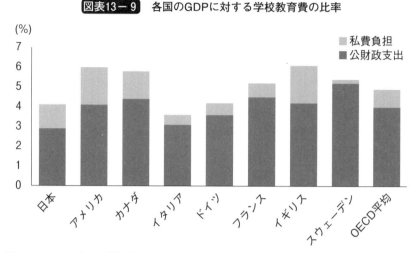

図表13-9 各国のGDPに対する学校教育費の比率

(注) データは2016年で初等教育段階から高等教育段階まで含む。
(出所) OECD "Education at a Glance" より著者作成。

費負担が必要である[7]。日本において，大学の費用負担は大きいと考えられる。その負担を軽くするための仕組みとして日本学生支援機構をはじめとする奨学金制度を利用でき，現在では大学生の3人に1人が借りている。しかし，これは返済が必要であるため，それを躊躇して進学をあきらめるという人がいる可能性がある。東京都福祉保健局「東京都における児童養護施設等退所者へのアンケート調査報告書」では，児童養護施設[8]で育った児童の大学卒業の割合は低いことが示されているが，理由の1つとして金銭的な問題が関係していると言えるであろう。

　親は子どもの数を決めるだけでなく，子どもへの教育投資も決める。子どもへの教育投資が大きくなれば，より高い学歴を持つ，または高い労働生産性を持つことによって，より高い賃金を得ることができる。また，教育投資に差が出ることによって，所得格差が生じることも考えられる。世帯間で所得格差が存在するために，子どもへの教育投資に格差が生じることになる。すなわち，所得格差が連鎖，貧困が連鎖することになる。母子家庭（ひとり親家庭）においては，相対的貧困率が非常に大きく，所得再分配調査によれば再分配係数は高齢者に比べるとかなり低い。児童扶養手当などの給付があるものの，それだ

けでは不十分であると言える（生活保護制度があるものの捕捉率は低く，十分な給付が行われているとは言い難い）。実際に所得格差が発生した段階で，税制や社会保障制度による再分配効果を強めて，分配を通じて所得格差を縮小させることも可能であるが，所得格差が発生する前に教育の機会などを平等にすることによっても結果的な所得格差を縮小させることはできる。それを実現するためには保育サービスに対する補助や児童扶養手当だけではなく，子どもへの教育投資に対しても十分な補助が必要である[9]。

　また，子どもへの教育費が多くかかることとなれば，その世帯は持とうとする子ども数を減らそうと考えるかもしれない。教育費に対する補助は子どもに対する教育投資をより多く行うことで，また子育てコストを減らすことにより子どもの数を増やすことが考えられる。この内容に関連する仕組みとして，2020年より高等教育の就学支援新制度という一定の所得要件を満たす世帯においては大学などの授業料が減免され，給付型奨学金が支給される仕組みが始まった。

5　育児支援政策の今後は

　本章では育児支援政策について主に金銭的な面から説明を行った。児童手当や教育補助など様々な政策が行われているが，諸外国と比べるとその水準は十分ではないと言える。また，母子家庭などを取り巻く環境は厳しく，それは子どもの貧困に直結している。子どもの貧困は十分な栄養が取れないことや満足する学習環境が与えられないなど成長に大きなマイナスの影響を与える。その子どもが成長して貧困から抜け出せず，その子どもが子どもを持ち，貧困の連鎖をもたらすこととなる。それを打ち切る１つの方法は十分な育児支援政策だろう。今，育児支援政策を充実させることは今の子育て世帯の親にとって有益なだけではなく，その子ども，さらにその子どもにとっても有益なものである。

■注

1）「同一の事業主に引き続き1年以上雇用されていること」，「子の1歳の誕生日以降も引き続き雇用されていることが見込まれること」，「子の2歳の誕生日の前々日までに労働契約の期間が満了しており，かつ，契約が更新されないことがあきらかでないこと」の3つの要件を満たす必要がある。

2）健康保険の被保険者の場合，産前産後の休暇において会社より給与の支払いがなかった日に対して1日につき標準報酬日額（標準報酬月額を30で割ったもの）の3分の2の出産手当金が支給される。

3）出産した母の場合は出生日，産後休業期間と育児休業期間を合わせて1年間である。

4）一定の要件とは，育児休業期間中の各1ヶ月ごとに，休業開始前の1ヶ月当たりの賃金の8割以上の賃金が支払われていないこと，就業している日数が各支給単位期間（1ヶ月単位）で10日以下であることである。

5）同一世代生まれ（コーホート）の女性の各年齢（15〜49歳）の出生率を過去から積み上げたコーホート合計特殊出生率というのもある。

6）母子家庭の母等が，就労や児童の就学などで資金が必要となったときに，都道府県，指定都市または中核市から貸付けを受けられる資金である。無利子で償還期限は，3年間から20年間までとなっている（（財）全国母子寡婦福祉団体協議会「母子父子寡婦福祉資金貸付金」参照）。

7）スウェーデンでは，大学の授業料は無料である。ただし，留学生の場合は費用負担の必要がある（齋藤・榎（2015）参照）。

8）児童養護施設とは，さまざまな事情により，家族による養育が困難な子どもたちの生活の場所である。

9）言うまでもなく，教育費の負担をなくせば，すべての子どもが同じように勉強して，同じように学力が付けられるわけではない。子どものやる気が大きい役割を果たす。ただ，阿部（2014）によれば，貧困世帯の子どもはこのやる気に関する指標についてみると，通常の世帯の子どもと比べて幾分低い傾向が示されている。そのような観点からの政策も必要である。

第14章

保育所の問題
──育児支援政策②

本章の目的

　夫婦が共働きであり専業主婦（主夫）がいない場合，ひとり親家庭の場合，育児と仕事を両立することを可能にするためには働いている間に子どもの世話をしてもらう所が必要である。三世代が住む家族の場合は，祖父母に子どもの世話をしてもらうことが可能であるが，核家族化が進む現在では，保育所などの施設で世話をしてもらう必要がある。育児と仕事の両立を可能にするためには，単に児童手当などのような現金給付では解決できない。保育所の整備を進めていく政策が必要である。日本の保育所の現状はどうであろうか。

1　育児の機会費用

　子育てのために，仕事を中断することによって，働くことによって所得を得ることができなくなる。この逸失所得を費用ととらえ，この費用のことを育児の機会費用という。また，育児休業から職場に復帰したとしても仕事をし続けた場合に比べ就労年数が少ないため昇給が遅れたりなどで働き続けた場合に比べて賃金は低くなり，機会費用が発生することとなる。職場を辞めて，正社員ではなく非正規労働者としてパートやアルバイトで働いた場合は正社員に比べて低い賃金となり，また昇給も見込めないため，多くの機会費用がかかることとなる。

図表14－1 育児の機会費用

	総所得額	機会費用
① 就業を継続	2億8560万円	—
② 出産・育児によって退職後，再就職	2億83万円	8478万円
③ 出産・育児によって退職後パートタイマー	4767万円	2億3794万円

（出所）内閣府「平成15年度経済財政白書」より著者作成。

　図表14－1のケースは，22歳で卒業した大卒女性が①そのまま就業を継続した場合，②28歳で出産・育児で退職して34歳で正社員として再就職する場合，③28歳で出産・育児で退職して34歳でパートタイマーとして再就職する場合の総所得額と機会費用を比較している。機会費用は，就業を継続し続けた場合に比べ，どの程度総所得額が低下したのかを示している。就業を継続した場合に比べ，総所得額は減少する。

　この大きい機会費用のために子どもを持つことを選択しない世帯が増え，それが合計特殊出生率の低下につながっていると考えることができる。従って，出生率を引き上げるには，子どもを持つことで就業が中断されることによるコストを減らす必要がある。そのために，育児休業制度を整えて，育児休業の後の職場復帰を容易にするとか，育児休業の際の所得保障も必要であろう。また，育児休業は原則として子どもが1歳になるまで取得できるものなので，その後は，子どもを預かってもらえる保育所を利用できるような環境を整えなければならない。しかしながら，日本における保育所の定員数よりも入所させたい児童数の方が大きく，入所のために待たなければならない児童が存在する。これが待機児童である。日本の待機児童数は**図表14－2**の通りである。

　待機児童とは，認可保育所の入所空き待ちの児童のことを指すが，猪熊（2014）や近藤（2014）を参考により詳しく説明すると，待機児童は，保育所入所申込書が市区町村に提出され，かつ，入所要件に該当しているものであって，現に保育所に入所していない児童である。なお，ここで注意が必要である。地方公共団体の独自の保育事業を利用している場合は，認可保育所を利用しな

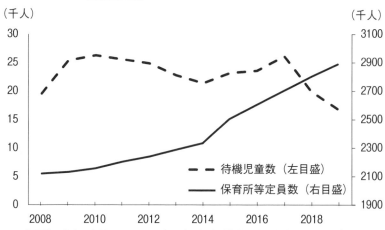

図表14－2　保育所等定員数と待機児童数

（注）2011年以前は過去の資料による。2015年以降は保育所等定員数に特定地域型保育事業，幼稚園型認定子ども園，幼保連携型認定子ども園を含む。
（出所）厚生労働省「保育所等関連状況取りまとめ（平成31年4月1日）」より著者作成。

くても待機児童には当たらない。また，特定の保育所を希望しており，認可保育所を利用できない場合も待機児童には含めない。なお，朝日新聞の記事によれば，2018年から，育児休業中でも復職の意思があれば，待機児童に含めることに統一されている。また，待機児童のデータを見るときには，定員を超過した受け入れを行っていることにも注意を払わなければならない[1]。

　待機児童が増える背景として，働く女性の増加がある。所得を得るために働きに出るために子どもを保育所に預ける必要がある。三世代同居世帯，すなわち，退職した父母（子どもから見れば祖父母）に子どもの面倒を見てもらうことが可能であるが，核家族化が進行してそのようなことが可能となっている世帯は減っている。待機児童が増える背景を正確に言うと，女性労働参加率の増加と家族構成の核家族化の進行が同時に起きていることが背景にあると言えるだろう。

　そして，保育所を整備，運営するのにはコストがかかり，保育所の新設の障害になっていると言える。日本経済新聞によれば，横浜市の児童1人当たりの負担額（全児童平均）はおよそ13万円であり，その半分以上を横浜市が負担している。保育所の運営は自治体にとって大きな財政負担である。また，立地条

図表14－3 日本の保育施設等の利用率

	日本
３～５歳	96.8%
２歳	51.5%
１歳	41.8%
０歳	15.6%

(注) ３歳以上については，幼稚園の利用も含まれている。
(出所) 内閣府（2019）「令和元年版 少子化社会対策白書」を参考に著者作成。

件としてなかなか適する場所がないということも，認可保育所の新設を難しくしている。さらに，十分な数の保育士がいないという現状がある。保育士の平均年齢は36.7歳，勤続年数は7.8年，所定内給与額は23.8万円（月額）と全産業平均（平均年齢は43.1歳，勤続年数は12.4年，所定内給与額は307.7千円（月額））よりも低い。これは，保育所の保育料の負担を大きくできないこと，かといって自治体や国の負担も増やせないことから，給与は低く抑えられてしまう。そして，金銭面の待遇の低さ，給与に見合わない仕事であると考え，離職する者も多いことから，平均年齢と勤続年数は低いものと考えることができる。

　図表14－3は日本の保育施設の利用率を示している。日本の労働力不足の問題への解決策として女性労働の活用が挙げられている。しかし，０歳児は育児休業制度の利用により保育所の利用が少ないとしても，１歳児，２歳児の保育所利用率を高めていかなければ，女性労働参加率をさらに高めることは難しいだろう。また，３歳以上は幼稚園の利用も入っているが，その利用率は40％ほどである。幼稚園の場合，就学前教育としての役割はあるものの，子どもが幼稚園で過ごす時間を考えると，育児と仕事の両立としての機能は不十分と言えるだろう。一方で，スウェーデンやフランスでは高い女性労働参加率を達成することができており，育児と仕事の両立を可能としていると言えるだろう[2]。

2　様々な保育サービス

　保育所は誰でも利用できるわけではなく，保育の必要性の認定を受けることで利用ができることとなっている。内閣府の資料で説明されていることは，保育の必要性の事由としては，例えば，親が働いていて，子どもの面倒を見ることができないといった場合，妊娠中や出産間もない場合，保護者の病気や障害，同居の親族を介護している場合，虐待やDV（家庭内暴力）などの恐れがある場合などである。単に保育所で教育を受けたい，集団生活を送らせたいなどの理由は保育の必要性がある事由とは言えない。入所を希望する場合に申込書および必要な添付書類を添えて市区町村へ提出することとなる。保育の必要性の優先度の高い順に入所が認められることとなる。

　保育所は0歳から入所でき，保育所には認可保育所と認可外保育施設がある。ここでは様々な保育施設等を説明する。

2.1　認可保育所

　東京都の資料の説明では，児童福祉法に基づく児童福祉施設で国が定めた最低基準（施設の広さ，保育士などの職員数，給食設備，防災管理，衛生管理など）を満たし，都道府県知事に認可された施設である[3]。国や都道府県からの補助金（負担金）が入るため，保育料は低くなっている[4]。保育料基準は自治体によって異なるが，子どもが小さいほど多くの保育士を配置しなければならなくなるために，保育料は高くなる[5]。

　保育料については公立と私立では同じとなり，児童の年齢，入所児童数，世帯の所得などによって保育料が決まる。例として西宮市の例を挙げると（**図表14−4**），生活保護世帯やひとり親世帯で市民税非課税世帯であれば，保育料はかからない。市民税の所得割課税額が多くなれば月額の保育料も多くなる。また，3歳以上の児童であるか3歳未満の児童であるかでも保育料は異なる。

　なお，認可保育所の開所時間は原則として11時間，保育時間は8時間であるが，保育利用時間の延長が必要な場合は，別途保育料負担と公費助成により延長保育を利用することができる。

図表14-4	保育料負担額（月額）	

所得割課税額	3歳未満児	3歳以上児
～48600円未満	10400円	0円
48600円～64800円未満	16500円	0円
64800円～97000円未満	24000円	0円
97000円～121000円未満	35600円	0円
121000円～169000円未満	39100円	0円
169000円～213000円未満	51700円	0円
213000円～301000円未満	56200円	0円
301000円～397000円未満	69800円	0円
397000円～	84400円	0円

（注）生活保護受給世帯，住民税非課税世帯の利用料はかからない。
（出所）西宮市ホームページ「令和2年度子どものための教育・保育給付にかかる利用者負担額表（2号認定・3号認定)」より著者作成。

なお，2019年10月より，幼保無償化の仕組みが始まり，3～5歳児の幼稚園・保育園の利用料については無料となっている。後述する認可外保育施設の利用に対しても一定の補助が出ることとなった[6]。

2.2 認可外保育施設

児童福祉法に基づく都道府県知事の認可を受けていない保育施設である。具体的には事業所内保育施設などが挙げられる。例えば，会社で独自に用意された保育施設である。他にはベビーホテルというものも認可外保育施設である[7]。設置場所やサービスも認可保育所に比べて多様ではあるが，補助金がないため，利用者負担は重い。また，認可保育所のように一定の基準を満たした施設ではないため，すべての保育所ではないが，保育の質にも疑問がある。内閣府の資料では，死亡事故数について認可保育所よりも認可外保育施設の方が多いことも示されている[8]。

認可保育所を増やすことが必要ではあるものの，用地取得などの関係からなかなか設置基準を満たすことのできる認可保育所を設置するのは大都市では難

しい。そこで，東京都の場合は，東京都の独自の基準を満たした場合に認証保育所として運営を行う仕組みがある。

2.3　幼稚園

幼稚園は文部科学省が管轄する学校教育施設である。満3歳児から小学校就学前の幼児を対象としている。保育園の標準的な保育時間は8時間に対し，幼稚園は4時間である。

2.4　認定子ども園

幼稚園は教育施設ではあるが保育施設ではないので，教育需要を満たせても長時間子どもを預かってもらうという保育需要を満たすことは難しい。一方で，保育所は保育施設ではあるが，教育施設ではないので，保育需要を満たせても教育需要を満たすのは難しい。子どもを育てる者としては，保育需要と教育需要がともに満たされる所を希望するというのは必然だろう。それに対するニーズとして認定子ども園がある。このような背景から，保育所と幼稚園の一体化を図る幼保一元化として認定子ども園がある。認定子ども園には**図表14-5**の通り4つの種類がある。

図表14-5　認定子ども園の4つの種類

①	幼保連携型	幼稚園的機能と保育所的機能の両方の機能を併せ持つ
②	幼稚園型	認可幼稚園が保育時間を確保するなど保育所的な機能を備えたもの
③	保育所型	認可保育所が保育の必要な子ども以外も受け入れる幼稚園的機能を備えたもの
④	地方裁量型	幼稚園，保育所いずれの認可もない施設で子ども園としての機能を備えたもの

2.5　その他保育の種類

保育サービスに対する需要の形態は様々である。例えば，日曜日や祝日など

にも保育サービスを提供する休日保育事業，開所時間を超えて行う延長保育がある。また，病院や診療所のスペースに設けて保育サービスを提供する病児保育事業，保育者の居宅，その他の場所で行われる小規模の異年齢保育である家庭的保育事業などがある[9]。他にも小規模保育事業，保育を必要とする子どもの居宅で行う居宅訪問型保育というものもある。これらの保育を地域型保育事業として，自治体の保育事業の一環として整備している。

3　保育所整備の今後は

　日本では保育所の整備が遅れており，その結果として待機児童が発生し，育児と仕事の両立の妨げとなっている。保育所を整備するためには自治体の財政負担が伴う。そのために保育所の整備については財政負担を理由として進まないことが考えられる。仮に財政負担の問題が解決したとしても認可保育所の整備には施設面積などが一定の基準を満たす必要があり，その基準を満たすための用地の取得などの問題がある。さらに，保育所を作ることが騒音などの問題から近隣住民の理解を得られず，整備が進まないといった問題もある。このような問題の中で保育所の整備を進めていくためには，財源の確保はさることながら，東京都などの認証保育所などの例に見られるように，用地取得などの問題から難しい認可保育所の整備にこだわらず様々な種類の保育施設（保育事業）の整備を進めて，保育施設を充実させることが必要であろう。同時に，子育て中の親が安心して子どもを預けられるよう，質の保証も確保する仕組みを作っていかなければならない。

■注

1 ）定員弾力化（最低基準を満たすことを前提に，認可定員を超過して入所できるようにすること）を行うことで対応している市町村は全体の80％ほどとなっている（内閣府「確認制度について（定員の考え方を中心に）」参照）。

2 ）内閣府の資料によると，子育ての時期に当たる30～34歳女性の労働参加率は2018年でフランス81.0％，スウェーデン87.8％であるのに対し，日本は76.9％である。保育所の整備を進めることでスウェーデンのように労働参加率を高めていくことが可能である。

3 ）具体例として，施設の広さは，乳児室の面積が1.65㎡/人，ほふく室の面積が3.3㎡/人という条件がある（内閣府「保育の現状」参照）。

4 ）認可保育所は保育料と公費で賄われているが，公費負担割合は国 1 / 2 ，都道府県 1 / 4 ，市区町村 1 / 4 となっている。

5 ）保育士の配置基準を見ると，保育士 1 人に対して 0 歳児は 3 人と定められている。 1 歳， 2 歳児は 6 人， 3 歳児では20人， 4 歳， 5 歳児では30人となっている（大阪市「平成25年度認可保育所設置・運営法人について（案）」参照）。

6 ）詳細は内閣府「子供が，未来をつくるから。幼児教育・保育の無償化はじまります。」参照。

7 ）厚生労働省の説明によると，①夜 8 時以降の保育，②宿泊を伴う保育，③一時預かりの子どもが利用児童の半数以上のいずれかの事業を行う施設である。

8 ）より詳しい説明については小林（2015）を参照されたい。

9 ）家庭的保育事業の詳細についてはNPO法人家庭的保育全国連絡協議会「家庭的保育の今，そして可能性—もっと知ってほしい」を参照。

第**15**章

育児支援の経済分析
——育児支援政策③

> **本章の目的**
>
> 　経済学では子どもの数の決定についてどのようなモデルを設定するのか。そして，その経済モデルでは子どもの数の決定がどのように説明されるのか。経済モデルを作って分析することによって，子どもの数の決定に影響を与える要素がはっきりする。そして，児童手当などの政策の効果を明示的に示すことができる。

1　子どもの数の決定

　本節では，子ども数の決定について経済モデルを用いて説明したい。

1.1　基本モデル

　ある家庭の効用関数が$U = CN$で与えられるとする（U：効用　C：消費　N：子どもの数）。夫の時間当たり賃金率を1000とし，妻の時間当たり賃金率も1000とする。夫も妻もそれぞれ1単位の時間を持っているが，妻が子育てをすると仮定し，子どもを1人持つためには0.5の時間が必要であるとする[1]。

　この家庭は何人の子どもを持つか。なお消費の価格はここでは1とする。予算制約式は次のようにおくことができる。

　$C = 1000 + (1 - 0.5N) \, 1000 = 2000 - 500N$ より $C + 500N = 2000$

　消費Cは夫の所得1000と妻の所得$(1 - 0.5N) \, 1000$の合計である。妻は時間を1単位持っており，それをすべて労働に充てれば，所得1000がもらえるが，労働時間は育児時間から引いたものとなる。子どもを1人育てる時間が0.5で

子どもがN人ならば，育児時間は0.5Nとなり，労働時間は1－0.5Nとなる。その時間働くので時間当たり賃金1000を掛ければ，妻の所得を得ることができる。

予算制約式を効用関数に代入すると次の式が得られる。

$$U = (2000 - 500N) \times N = -500N^2 + 2000N$$

微分してゼロとおく[2]。

$$\frac{dU}{dN} = -1000N + 2000 = 0$$

よって子どもの数はN＝2である。この時の妻の労働時間はゼロとなり，すべての時間を子育てに充てることとなる。

では，上記の例において妻の時間当たり賃金率が2000に上昇した場合のこの家庭の子どもの数は何人になるか。この時，予算制約式は次のようになる。

$$C = 1000 + (1 - 0.5N)2000 = 3000 - 1000N \text{ より } C + 1000N = 3000$$

この予算制約式を効用関数に代入すると次が得られる。

$$U = (3000 - 1000N) \times N = -1000N^2 + 3000N$$

微分してゼロとおく。

$$\frac{dU}{dN} = -2000N + 3000 = 0$$

図表15－1 女性労働の賃金と子どもの数

妻の時間当たり賃金率	1000	2000
妻の稼いだ所得	0	500
世帯所得（夫と妻の合計所得）	1000	1500
子どもの数N	2	1.5
妻の労働時間 1－0.5N	0	0.25

よって子どもの数はN＝1.5であり，子どもを持つ数を減らすこととなる。まとめると**図表15－1**のように示すことができる。

この表から分かるように女性労働の賃金が上昇したら妻は働く時間を増やす代わりに，子どもの数を減らす。たとえ，世帯所得が多くなったとしても，女性賃金の上昇は育児のために仕事を中断することによって本来労働して得られたであろう機会費用が上昇するために，子どもを持つ数を減らす。

1.2　児童手当の効果

1.1の基本モデルで妻の時間当たり賃金が2000の場合において，児童手当が子ども１人当たり250与えられるとする。この家庭の子どもの数は何人になるかを求める。言い換えれば児童手当で子どもの数が増えるかを考察する。予算制約式は次の通りである。

$$C = 1000 + （1 - 0.5N）2000 + 250N = 3000 - 750N より C + 750N = 3000$$

効用関数$U = C \times N$に代入すると次の式が得られる。

$$U = （3000 - 750N）\times N = -750N^2 + 3000N$$

微分してゼロとおく。

$$\frac{dU}{dN} = -1500N + 3000 = 0$$

よって子どもの数は$N = 2$である。この場合，妻の労働時間は$1 - 0.5N = 1 - 0.5 \times 2 = 0$となり労働時間を減らして，働かなくなる。児童手当は子どもの数を増やす効果がある一方で，女性労働時間を減らすこととなる（妻が労働時間を減らしたくない場合，児童手当は誘因とならず子どもを持とうとしないことが考えられる）。また，一時的に児童手当で出生率が引き上げられたとしても女性労働の賃金が上がれば出生率は減少してしまう。従って，児童手当による政策は一時的に効果はあるかもしれないが，経済成長により賃金が上昇すれば効果はなくなる。

1.3 保育所の存在

これまでのモデル設定では，子どもを育てるために妻の時間が必要であったが，ここでは，保育所を利用することができ，その結果，フルタイムで妻は働くことができる場合を考えよう。夫の時間当たり賃金率を1000とし，妻の時間当たり賃金率も1000とする。夫も妻もそれぞれ1単位の時間を持っている。保育所の利用料金は子ども1人当たり500とする。この家庭は何人の子どもを持つかを考える。この時，予算制約式は次の通りである。

$C = 1000 + 1000 - 500N = 2000 - 500N$ より $C + 500N = 2000$

効用関数に代入すると次の式が得られる。

$U = (2000 - 500N) \times N = -500N^2 + 2000N$

微分してゼロとおく。

$$\frac{dU}{dN} = -1000N + 2000 = 0$$

よって子どもの数は $N = 2$ である。

では，上記の例において妻の時間当たり賃金率が2000に上昇した場合のこの家庭は何人の子どもを持つかを次に考える。この時，予算制約式は次の通りである。

$C + 500N = 3000$

この式を効用関数に代入すると次の式が得られる。

$U = (3000 - 500N) \times N = -500N^2 + 3000N$

微分してゼロとおく。

$$\frac{dU}{dN} = -1000N + 3000 = 0 \quad よって子どもの数は N = 3 である。$$

図表15－2　女性労働の賃金と子どもの数（保育所を利用する場合）

妻の時間当たり賃金率	1000	2000
妻の稼いだ所得	1000	2000
世帯所得（夫と妻の合計所得）	2000	3000
子どもの数 N	2	3
妻の労働時間	1	1

結果をまとめると**図表15－2**のようになる。

女性労働の賃金が多くなり世帯所得が多くなったとしても子どもを持つ費用は変わらないので出生率は増加することになる。

OECD諸国で女性労働参加率と合計特殊出生率の相関関係を見ると，1980年では負の相関関係が見られたが，2000年では正の相関関係が見られるようになった。仕事と育児の両立を可能とする育児支援政策が出生率を引き上げる上で重要な政策であるといえる。スウェーデンは女性労働参加率が高く，出生率も高い。日本は女性労働参加率が低く，出生率も低い。保育所の整備を通じて育児と仕事の両立が可能となることで労働参加率が高くなり，その結果，世帯所得の上昇をもたらし，十分な子育てができるようになると考えられる。

2　保育サービスの価格設定

本節では保育サービスの価格設定が保育サービスの需要と供給にどのような影響を与え，待機児童数はどう決まるのかを見る。

図表15－3はある保育市場の需要曲線と供給曲線を描いたものである。縦軸は保育サービスの価格，横軸は保育サービスの取引量をとっており，保育サービスの需要は価格が低くなるほど増え，価格が高くなるほど減る。一方で，保育サービスの供給は価格が高くなるほど増え，価格が低くなるほど減る。

まず，図表15－3左図を参考に，政府は何も規制を行わない完全競争のケースを考えよう。この時，均衡点はBとなり，保育サービスの価格はAで与えられる。この時の保育サービスの取引量はHであり，需要と供給は一致している

ので，待機児童となる超過需要は存在しない。この時，社会的余剰（消費者余剰JBAと生産者余剰ABIの合計）はIBJと大きくなる[3]。

　もし，保育サービス1単位当たりCDの補助金を与えた場合，消費者が購入できる保育サービスの価格はDと低くなる。保育サービスの供給量はKとなり，需要量と等しくなり，待機児童は存在しない。しかし，社会的余剰は補助金分を引かなければならないため（補助金の財源を徴収する必要があるため），厚生損失が発生し，完全競争の時よりも低くなる。計算をすると，消費者余剰はJED，生産者余剰はCFI，補助金はCFEDとなるので，社会的余剰はJED＋CFI－CFED＝IBJ－FBEとなり，補助金の導入によって導入前よりもFBEだけ社会的余剰が減少する。このFBEが厚生損失であり，補助金がなければこの分だけさらに社会的余剰が高められたのに，補助金のおかげで低められており，非効率性が存在しているのである。

　では，保育サービスを低い価格で利用できるように価格規制を行ったらどうなるか。図表15－3右図を見てほしい。保育サービスをDの価格に規制した場合，消費者価格はDと低くなるが，生産者はその価格ではGの供給しか行わない，一方でこの価格の下で需要はKである。従って，需要が多くなるため，待機児童が発生することとなる。この場合の社会的余剰は完全競争に比べて低くなる（**図表15－4**）。

　さらに，供給量をGと制限した場合を考えよう。この場合，価格をOと設定

図表15－3　保育サービス市場における需要と供給

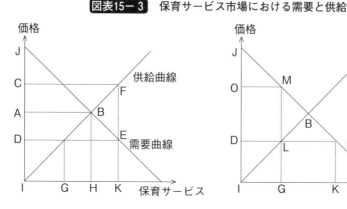
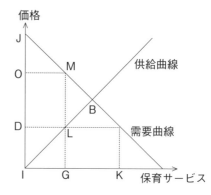

図表15－4　保育サービスの価格設定の分析

	消費者価格	供給量	超過需要	社会的余剰	厚生損失
完全競争	A	H	なし	IBJ	なし
CDの補助金	D	K	なし	IBJ－BEF	BEF
Dの価格規制	D	G	KG	JMLI	BML
Gの過少供給	D（またはO）	G	KG（またはなし）	JMLI	BML

　すれば，待機児童は発生しないが，Dとすれば待機児童が発生する。価格設定によって待機児童が発生しないとしても高すぎる保育価格のせいで利用が過少となり，社会的厚生は完全競争の時よりも小さくなる（図表15－4）。

　以上の分析をまとめると図表15－4のようにまとめられる。

　価格規制や供給規制は超過需要を生むことから待機児童の発生要因となる。保育市場を完全競争にすることによって，価格規制よりも保育の価格は上がるものの待機児童は発生しないこととなる。また，補助金を与えることにより，低い利用価格で保育サービスを受けることが可能となる。しかし，低い価格での利用は所得再分配の観点からは望ましいものの，この場合は厚生損失が発生することから社会的に最適とは言えない。ただ，出生率の増加は将来的には労働力人口の増加を通じて持続的な社会保障制度に貢献するという正の外部性が生まれることとなる。この場合は，社会厚生の観点から補助金を出すべきという結論となり，公平性と効率性の観点から保育サービスに対する補助金が正当化される。

3　子どもの数を増やすことはできるか

　子どもの数を増やすことはできるであろうか。日本の合計特殊出生率は2005年に1.26の最低水準を記録した後，わずかではあるが出生率は回復傾向となり，2018年には1.42となった。しかし，人口が維持できる水準は2.07とも言われており，それを目標とすれば到達は容易ではない。スウェーデンやフランスは一度出生率が低下したものの，回復した国として知られる。育児と仕事の両立支

援政策を進めていくことが必要であろう。小倉（2013）にもあるが，女性の場合，正社員から非正規労働者への転職のきっかけとして育児が挙げられている。そのような状況ではまだまだ仕事と育児の両立ができている国とは言えないだろう。

　出生率を引き上げることによって，将来の労働力人口を増やすことができ，それは税収や社会保険料収入の増加を通じて，社会保障制度の財政基盤を固めることになる。しかし，子どもは急に大人にはならない。それまでには多くの時間と費用が必要である。特に教育費の負担がかかる。そのための公財政支出をより増やしていくべきであろう。

　また，育児支援政策を積極的に行い子どもの数が増えたとしても，子どもが育つまでには時間がかかる。それまでの労働力の不足はどうするのか。それこそ，育児と仕事の両立支援策を進めることや高年齢者の雇用を促進することによって労働力の不足を補っていくことが必要である。いずれにしても少子化対策と労働供給の増加の政策を行っていかなければならないが，少子化対策は労働供給の増加の政策にもなりうることを考慮すべきであろう。

■注

1）ここでは育児は女性しか行わないとしているが，必ずしも世帯によってはそうであるとは限らない。ただし，現実の問題として育児と女性の労働参加の問題として育児と仕事の両立が考えられているので，それに合わせてモデル設定をした。

2）微分を知らない場合は，二次関数の計算で求めることができる。
　　$U = -500N^2 + 2000N = -500(N^2 - 4N) = -500(N^2 - 4N + 4 - 4) = -500(N-2)^2 + 2000$ となり，$N = 2$ と求めることができる。以下の計算も同様に求められる。計算が苦手な場合は数式を飛ばして結論だけ読んでも本書で伝えたい内容を十分に理解することができるだろう。

3）余剰分析については第18章を参照。

演習問題 （第13章～第15章）

A．次の内容について説明しなさい。

1．育児休業制度とは何か説明しなさい。

2．育児休業制度における「パパ・ママ育休プラス」とは何か説明しなさい。

3．育児・介護休業法に定められている「時間外労働の制限」および「勤務時間の短縮等の措置」について説明しなさい。

4．育児休業給付について，「子の年齢」および「支給金額」の観点から説明しなさい。

5．出産育児一時金とは何か説明しなさい。

6．出産手当金とは何か説明しなさい。

7．児童手当を「支給対象」および「手当月額」に触れて説明しなさい。

8．児童扶養手当を「支給対象」および「手当月額」に触れて説明しなさい。

9．母子父子寡婦福祉資金貸付金とは何か説明しなさい。

10．日本の家族関係社会支出対GDP比と合計特殊出生率について諸外国と比較しながら説明しなさい。

11．日本の学校教育費対GDP比について諸外国と比較しながら説明しなさい。

12．認可保育所とは何か説明しなさい。

13．認定こども園とは何か説明しなさい。

14．日本の待機児童の現状について説明しなさい。

15．諸外国と比較して日本の年齢階級別女性労働力率の特徴について説明しなさい。

16．諸外国と比較して，日本の公財政教育支出と家族関係社会支出の水準について説明しなさい。

17．保育サービス市場が外部経済をもたらす可能性について説明しなさい。

B．育児支援政策の経済分析に関する次の問題に答えなさい。

　ある家庭の効用関数がU＝CNで与えられるとする（U：効用　C：消費　N：子どもの数）。

　夫の時間当たり賃金率を500とし，妻の時間当たり賃金率は500とする。

　夫も妻もそれぞれ1単位の時間を持っているが，妻が子育てをすると仮定し，子どもを1人持つためには0.5の時間が必要であるとする。なお消費の価格は1とする。

　a．この家庭は何人の子どもを持つか。また，この時の妻の労働供給時間を答えなさい。

　b．妻の時間当たり賃金率が500から1000に上昇した場合，この家庭は何人の子どもを持つか。また，この時の妻の労働供給時間を答えなさい。

　c．a.とb.を踏まえて，女性労働賃金の上昇は女性労働供給と出生率にどのような影響を与え，女性労働供給と出生率の間にどのような関係をもたらすかを答えなさい。

　d．この経済モデルにおける育児の機会費用とは何かを答えなさい。

　e．この経済モデルにおいて子どもの数に対して与えられる児童手当は出生率と女性労働供給にどのような影響をもたらすか。

　f．この経済モデルで保育所が利用できることによって育児の時間が必要無くなった場合，女性労働賃金の上昇は出生率と女性労働供給にどのような影響をもたらすと考えられるか。

Ｃ．次の問題について考えなさい。

　女性労働参加率の増加，幼保無償化などを考えると今後も保育サービスに対する需要は増え，待機児童の問題はますます深刻化すると考えられる。この問題についてあなたはどう考えるか。

第16章

障害者福祉政策
──障害者を支援する仕組み

> **本章の目的**
>
> 　佐藤・小澤（2013）で説明されている国連の障害者の権利宣言によると，障害者という言葉は，先天的か否かにかかわらず，身体的又は精神的能力の不全のために，通常の個人又は社会生活に必要なことを確保することが，自分自身では，完全に又は部分的にできない人のことを意味する，と定義されている。日本の障害者を取り巻く環境をここでは見ていきたい。

1　障害者数の実態

　日本の障害者の人数は，**図表16−1**で示されているように，身体障害者436.0万人，知的障害者109.4万人，精神障害者419.3万人となっており，日本国民の約6％が何らかの障害を持っている。

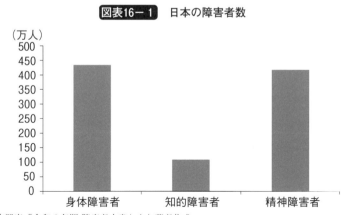

図表16−1　日本の障害者数

（出所）内閣府「令和2年版 障害者白書」より著者作成。

　障害者基本法の定義では，障害者とは，「身体障害，知的障害，精神障害（発達障害を含む。）その他の心身の機能の障害（以下「障害」と総称する。）がある者であって，障害及び社会的障壁により継続的に日常生活又は社会生活に相当な制限を受ける状態」とある。具体的に，身体障害者とは，身体障害者福祉法に基づいて説明すると，一定の障害を持っており，身体障害者手帳の交付を受けている者とある。具体的には，視覚障害，聴覚言語障害，肢体不自由，内部障害（心臓などの機能の障害）などが挙げられる。身体障害者の割合は高齢になるほど増えていく。平成25年版障害者白書によると日本の65歳以上人口割合と比べると，身体障害者全体での65歳以上人口比率は3倍ほどとなっている。65歳以上の割合の推移を見ると，1970年には3割程度だったものが，2011年には7割近くまで上昇している。視覚障害ではマッサージ・はり・きゅう（29.6％），聴覚・言語障害では生産工程・労務（21.8％）で働く人が多い。また，厚生労働省の「知的障害児（者）基礎調査」によると，知的障害者の定義は「知的機能の障害が発達期（おおむね18歳まで）にあらわれ，日常生活に支障が生じているため，何らかの特別の援助を必要とする状態にあるもの」である。平成25年版障害者白書によると知的障害者の雇用については製造加工業の割合が高くなっている。製造加工業では，作業工程の定型化によって複雑な工程ではなくパターン化することによって，知的障害者が働きやすい環境を整えることができる。

　精神障害者とは，精神保健及び精神障害者福祉に関する法律では「統合失調症[1]，精神作用物質による急性中毒又はその依存症，知的障害，精神病質その他の精神疾患を有する者」とされている。事業所（従業員5人以上の規模）で働いている精神障害者は，2.9万人であるが，精神障害であることを伝えずに働いている場合も多く，雇用者数はかなり低めに出ている可能性が考えられることが平成25年版障害者白書で示されている。

2　障害者と福祉サービス

　障害者が日常生活，社会活動を営むことができるように，障害者総合支援法に基づく福祉サービスを利用することができる[2]。手続きは**図表16−2**の通り

図表16－2 給付の決定までのプロセス

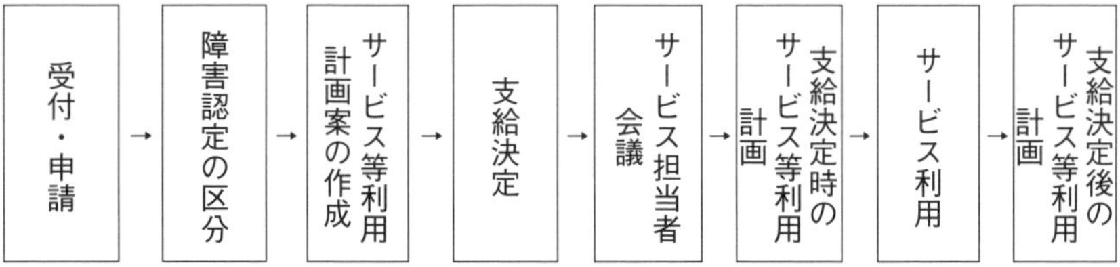

受付・申請 → 障害認定の区分 → サービス等利用計画案の作成 → 支給決定 → サービス担当者会議 → 支給決定時のサービス等利用計画 → サービス利用 → 支給決定後のサービス等利用計画

（出所）全国社会福祉協議会「障害福祉サービスの利用について」より著者作成。

である。具体的には，介護給付費等支給申請を行い，障害福祉サービス受給者証の交付を受けホームヘルプサービスや施設の短期入所が可能となる。以下，この流れについて福祉行政法令研究会（2013），全国社会福祉協議会，西宮市の資料を用いて説明したい。

　はじめに，サービスを利用するために，市町村の窓口にて申請し，障害支援区分の認定を受ける必要がある[3]。申請の際には，身体障害者手帳などの提出が必要である。次に調査員による訪問調査を経て審査会の判定により障害支援区分の認定を受けることとなる。

　その後，障害福祉サービス受給者証の交付を受けることとなる。この受給者証には，障害支援区分，利用できるサービスの種類および支給量，利用者負担上限月額などが記されている。そして，サービス事業者と契約をすることによって福祉サービスの利用が可能となる。

　具体的なサービスとしては，自立支援給付として介護給付，訓練等給付などの給付を受けることができる。介護給付には，居宅介護（ホームヘルプ，自宅で入浴，排泄，食事の介護等を行う），短期入所（ショートステイ，自宅で介護する人が病気等で介護できない場合，短期間の宿泊を伴う施設入所で，入浴，排泄，食事の介護等を行う），施設入所支援（施設の入所者に対して，夜間や休日に入浴，排泄，食事の介護等を行う）などがある。

　訓練等給付には，自立訓練（自立した日常生活または社会生活ができるように一定期間，身体機能または生活能力の向上のために必要な訓練を行う），就労移行支援（一般企業等への就労を希望する人に，一定期間，就労に必要な知識および能力の向上に必要な訓練を行う）などがある。また，必要な医療を受

けた場合は，自立支援医療費が利用者に対して支給される。

　そして，自立支援給付だけでなく，地域生活支援事業による支援を受けることができる。この地域生活支援事業とは障害のある利用者が日常生活，社会生

図表16-3 障害者総合支援法による支援

自立支援給付	介護給付	居宅介護（ホームヘルプ）
		重度訪問介護
		同行援護
		行動援護
		重度障害者等包括支援
		短期入所（ショートステイ）
		療養介護
		生活介護
		施設入所支援
		共同生活介護（ケアホーム）
	訓練等給付	自立訓練
		就労移行支援
		就労継続支援
		共同生活援助（グループホーム）
	自立支援医療	更生医療
		育成医療
		精神通院医療
	補装具	
地域生活支援事業	相談支援	
	移動支援	
	成年後見制度利用支援	
	地域活動支援センター	
	コミュニケーション支援	
	福祉ホーム	
	日常生活用具の給付または貸与	
	その他の日常生活または社会生活支援	

（出所）全国社会福祉協議会「障害福祉サービスの利用について」より著者作成。

図表16－4　利用者負担

区分	世帯の収入状況	負担上限月額
生活保護	生活保護受給世帯	0円
低所得	市町村民税非課税世帯	0円
一般1	市町村民税課税世帯（所得割28万円未満）	9300円 （または4600円）
一般2	上記以外	37200円

（出所）全国社会福祉協議会「障害福祉サービスの利用について」より著者作成。

活を営むことができるように，地域の特性を生かして行われるものである。具体的なものとしては，相談支援事業（サービス利用，権利擁護，自立支援等に関する相談），地域活動支援センター事業（創作的活動，生産活動の機会の提供，社会との交流の促進等），福祉ホーム事業（居住の場の提供，日常生活，社会生活の支援）などがある。これらの給付や事業をまとめると**図表16－3**の通りである。

　このような障害者福祉サービスの利用については**図表16－4**の通りに利用者負担が存在する。利用者負担はサービス量と所得を基準とした負担の仕組みであり，応能負担となっている。具体的には，福祉サービスは定率負担となっているが，所得に応じて，負担上限月額が設定されている。この上限を超えた分については，自己負担は発生しない。

3　障害者への所得支援

　障害者への所得支援としては公的年金制度の枠組みの中で，障害基礎年金，障害厚生年金がある。年金については第2章に詳細はあるので，ほかの仕組みをここでは説明したい。

　子育て支援の説明でも挙げたものであるが，児童扶養手当がある。児童扶養手当は，父母の離婚などで，ひとり親家庭など父または母と生計を同じくしていない子どもが育成される家庭での生活の安定のために支給される手当であるが，児童扶養手当の支給要件の1つに「父又は母が一定程度の障害の状態にあ

図表16－5　障害者に関する税制の優遇措置

特例の区分	障害者	特別障害者^(注)
所得税の障害者控除	27万円を控除	40万円を控除
相続税の障害者控除	障害者が85歳に達するまでの年数1年につき10万円を控除	障害者が85歳に達するまでの年数1年につき20万円を控除
少額貯蓄の利子等の非課税	350万円までの預貯金等の利子等が非課税	

（注）特別障害者とは身体障害者手帳の身体上の障害の程度が1級または2級と記載されている場合など重度の障害を持つ場合，該当する（国税庁ホームページ参照）。

る子ども」がある。

　特別児童扶養手当とは，20歳未満で精神または身体に障害を有する児童を家庭で監護，養育している父母等に支給されるものである。障害状況に応じて支給額が異なる。他には，特別障害者手当（精神または身体に著しく重度の障害を有するため，日常生活において常時特別の介護を必要とする状態にある在宅の20歳以上の者に支給），障害児福祉手当（精神または身体に重度の障害を有するため，日常生活において常時の介護を必要とする状態にある在宅の20歳未満の者に支給）などがある。

　また，税制の面からの支援もある。まとめたのが**図表16－5**である。所得税は課税所得を元に計算されるが，障害者であれば障害者控除として，課税所得から控除することができる。課税所得が少なくなれば，所得税の負担額が軽くなる。納税者本人が障害者でなくとも，扶養親族が障害者の場合も障害者控除を利用することができる。また，相続税や利子に対する課税についても特例が適用される。

　さらに，障害者がより良い暮らしを送るための仕組みとして成年後見制度がある。成年後見制度については第9章でも説明はしているが，認知症や知的障害，精神障害により判断能力が不十分な場合，本人に不利な契約を結んでしまい多額の金銭が取られてしまうといった被害を受ける可能性が高いと考えられる。成年後見制度とは，判断能力が不十分である人を守るための制度である。具体的には，成年後見制度には法定後見制度と任意後見制度がある。法定後見

制度とは家庭裁判所によって選ばれた成年後見人が本人に代わって契約などの法律行為や本人が法律行為を行う際の同意，本人が同意を得ないで行った法律行為の取り消しなどを行い，本人の利益を守るための仕組みである。

　任意後見制度とは，あらかじめ本人の判断能力のあるうちに，将来認知症などによって判断能力が不十分となった時のために任意後見人を決めておくことができる仕組みである。

4　障害者の雇用環境

　図表16−6は最近の障害者の雇用者数を示しているが，増加傾向にあることが分かる。

　ここでは障害者の就業率を高めるための制度，政策を紹介したい。まずは，障害者雇用促進法である。障害者雇用促進法では，雇用の分野における障害を理由とする差別的取扱いを禁止しており，障害者が職場で働くにあたっての支障を改善するための措置を講ずることを事業主に義務付けている[4]。

　次に，障害者雇用率制度というものがある。これは身体障害者，知的障害者

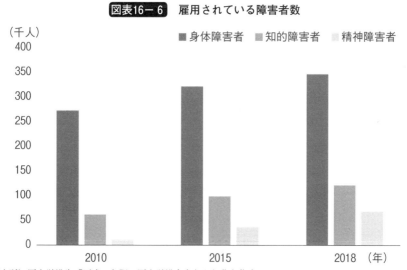

図表16−6　雇用されている障害者数

（出所）厚生労働省「平成30年版　厚生労働白書」より著者作成。

図表16－7 現行の障害者雇用率

事業主区分	法定雇用率
民間企業	2.2%
国，地方公共団体等	2.5%
都道府県等の教育委員会	2.4%

（出所）厚生労働省「障害者雇用率制度」

の常用労働者としての就業率を高めるために，障害者雇用率（常用労働者に対する障害者の割合）を設定し，事業主に**図表16－7**に示される障害者雇用率達成義務を課すものである。

厚生労働省「令和元年障害者雇用状況の集計結果」によれば，民間企業の法定雇用率達成企業の割合は48.0％と過去に比べて上昇はしているものの半分以下である。一方，国や都道府県，市町村などの公的機関では障害者の実雇用率は法定雇用率を上回っている[5]。これまで雇用義務の対象ではなかった精神障害者については2018年4月から障害者雇用義務の対象となった。この法定雇用率達成については特例子会社制度についても説明する必要がある。親会社の下にある子会社については一定の要件を満たせば特例子会社として，特例子会社を親会社に合算して，実雇用率を算定することができる。伊藤（2013）では特例子会社の制度によって法定雇用率を達成している企業が多いことを示している。

また，障害者雇用納付金制度というものもある（**図表16－8**）。障害者雇用納付金制度とは，障害者の雇用による事業主の経済的負担の調整，障害者の雇用水準の引き上げを目的とする仕組みであり，雇用率未達成企業（常用労働者100人超）から納付金を徴収し，雇用率達成企業に対して，調整金，報奨金を支給するものである。この金銭的なインセンティブを持つ仕組みは障害者の雇用を増やす効果を持つと直感的に予想できるが，中島（2011）では，現在働いている障害者の約7割に当たる14万人の雇用を創出していることを明らかにしている。

障害者の雇用を促進するための仕組みとしては，障害者トライアルコースという仕組みもある。就職が困難な障害者を一定期間雇用することにより，その

適正や業務遂行可能性を見極め，障害者の早期就職の実現や雇用機会の創出を図ることを目的する仕組みであるが，月額1人4万円（最長3ヶ月）が支払われる。この仕組みも金銭的な給付により，障害者雇用を後押しするものと言える。

図表16－8　障害者雇用納付金制度

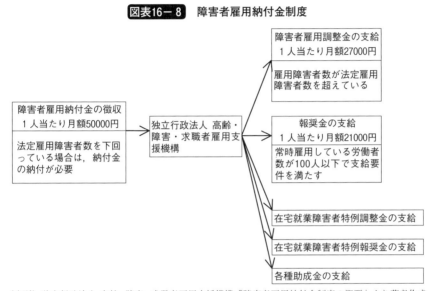

（出所）独立行政法人 高齢・障害・求職者雇用支援機構「障害者雇用納付金制度の概要」より著者作成。

5　障害者の就労支援

　厚生労働省の資料「障害者の就労支援対策の状況」によれば，障害者総数のうち，雇用施策対象者（18〜64歳）は約377万人である。そして，特別支援学校から一般企業への就労は約30.1％，特別支援学校から障害福祉サービスが約59.6％，障害福祉サービスから一般企業への就労が4.3％となっている。

　特別支援学校とは，2008年度までは盲学校，聾学校，養護学校とされたものであり，障害があることにより通常の学級における指導だけではその子どもの能力を十分に伸ばすことが難しく，特別な配慮の下に教育が行われる教育施設である。

　障害者総合支援法に基づく就労系障害福祉サービスとしては，次のものが挙

げられる（**図表16－9**）。

　具体的には，就労移行支援事業では，一般就労等への移行に向けて，事業所内や企業における作業や実習，適性に合った職場探し，就職後の職場定着支援を実施するものである。具体的な流れは**図表16－10**の通りである。就労継続支援Ｂ型事業の例としては，東京都新宿区立福祉センターが紹介している「あすなろ作業所」がある。ここでは，区内在住者で就労の機会を得ることが困難な

図表16－9　**就労支援の種類**

①	就労移行支援	就労を希望する障害者で通常の事業所に雇用されることが見込まれる者を対象に支援
②	就労継続支援Ａ型	通常の事業所に雇用されることが困難であり，雇用契約に基づく就労が可能である者を対象に支援 （就労移行支援事業を利用したが，企業等の雇用に結びつかなかった者などが利用）
③	就労継続支援Ｂ型	通常の事業所に雇用されることが困難であり，雇用契約に基づく就労が困難な者を対象に支援 （就労経験がある者であって，年齢や体力の面で一般企業に雇用されることが困難となった者などが利用）
④	就労定着支援事業	就労移行支援事業などを利用し，通常の事業所に雇用されてから6ヶ月を経過した者に対する就労の定着支援

図表16－10　**就労移行支援事業**

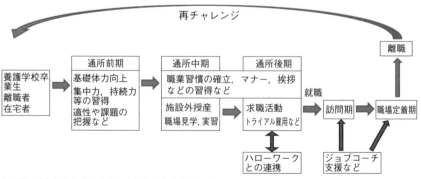

（出所）厚生労働省「就労移行支援事業」より著者作成。

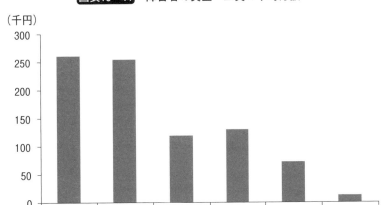

図表16-11　障害者の賃金・工賃の平均月額

(出所) 内閣府「平成25年版 障害者白書」より著者作成。

18歳以上の身体障害者で，障害福祉サービスの受給者証を持つ者を対象に訓練等給付として就労継続支援B型事業が行われている。

また，職場適応援助者（ジョブコーチ）という，障害特性を踏まえた直接的で専門的な支援を行い，障害者の職場適応，定着を図ることを目的に職場にジョブコーチが出向く仕組みがある。

なお，就労移行支援事業では，障害者総合支援法に基づく訓練等給付ではあるが，一定の工賃が支払われる。

図表16-11を見ても分かるように，障害者の賃金，工賃は低い。クロネコヤマトの宅急便の生みの親である小倉昌男氏は，障害者の賃金の上昇のために売れる製品を作ることを考え，協力者によって独自に開発された冷凍パン生地を使って障害を持っていてもパンを焼くことが可能となり，それを実践に移してスワンベーカリーというパン屋を立ち上げるに至った。障害者の雇用と賃金上昇を同時に達成できた例である。

6 障害者を取り巻く環境

　『障害者イズム　このままじゃ終われない』（山田和也監督，2003年）という
DVDを見る機会があった。車いすに乗って歩道を進む，電車に乗るといった
動作を見るとき，障害を持たない者にとっては何気ない段差でも，障害者に
とっては車いすが乗り越える際に転倒しそうなくらいの段差である。放置自転
車も車いすの走行を困難にする。自動販売機でもジュースを買って取り出すの
でも一苦労に見える。このDVDを見て障害者が障害を持っているために日常
生活が障害を持たない者よりも困難になっているのは，実は障害を持たない者
の考え方，社会の考え方のせいなのではないかと思う。歩道や駅のホームの段
差，放置自転車や自動販売機の操作について障害者の目線に立てば，障害を持
つ者の生活困難の状況が改善されるのではないか。

　また，DVDは施設や家族から離れて自立してひとりで暮らしたい障害者に
ついてのドキュメンタリーであった。障害を持っているから自立が難しい，と
考えるのではなく，スワンベーカリーのような工夫により自立も可能である。
障害者が自ら希望する生活が可能となるように，政策だけでなく，社会の意識
も変化していかなければならないだろう[6]。

■注

1）統合失調症とは100人に1人弱がかかり，幻覚や妄想という症状が特徴的な精神疾患であ
る。発症の原因ははっきりとは分かっておらず，進学，就職などの人生における変化が要
因と言われている（厚生労働省「統合失調症」参照）。
2）身体障害者，知的障害者，精神障害者だけでなく，難病（治療方法が確立していない疾
病など）にかかっている場合が利用可能である。
3）障害支援区分とは，障害の多様な特性や心身の状態に応じて必要とされる標準的な支援
の度合いを表す6段階の区分である（全国社会福祉協議会「障害福祉サービスの利用につ
いて」参照）。
4）例として，車いすを利用する障害者に対して机などの高さを調節することなどである
（厚生労働省「障害者の雇用の促進等に関する法律の一部を改正する法律の概要」参照）。
5）実雇用率の算定には，短時間労働者は1人を0.5人，重度身体障害者，重度知的障害者は
1人を2人にカウントするなどとなっている。
6）佐藤・小澤（2013）では，精神障害者地域生活支援センターの開所に対する住民の反対
運動を紹介している。この反対運動は，障害者に対するある種の偏見がもたらした結果と
考えられる。障害者に対する社会の偏見もまた自立を妨げているものと言える。

演習問題 （第16章）

A．次の内容について説明しなさい。

1．就労移行支援事業とは何か説明しなさい。

2．障害者雇用率制度とは何か説明しなさい。

3．障害者雇用納付金制度とは何か説明しなさい。

4．障害者への所得支援としてどのような手当てがあるか1つ挙げて説明しなさい。

5．日本の障害者の就業率についてどのようなことが言えるか説明しなさい。

B．次の内容について考えなさい。

　日本の労働力不足に対する対応として，女性労働，高齢者労働の活用や海外からの労働者の受け入れが考えられている。しかし，障害者の活用も考えることができるのではないだろうか。この点についてあなたなりの考えを述べなさい。

第17章

所得格差の指標
──格差の概念と現状

> **本章の目的**
>
> 　高い賃金を得る仕事に就けた者がいる一方で，低い賃金を得る仕事しか就け
> なかった者がいる。働き続ける者がいる一方で，失業してしまって働くことが
> できない者がいる。日々の生活費を稼ぐために必死で働く者がいる一方で，資
> 産の保有によって生み出される所得で生活する者がいる。このように社会には
> 所得の格差や資産の格差が存在する。そのような格差をどのように測るのであ
> ろうか。また，そのような格差はなぜ生まれるのであろうか。そして，そのよ
> うな格差を是正するためにはどうすれば良いのか。

1　ジニ係数

　2人しかいない社会では所得格差を測ることは簡単であろう。しかし，社会
の構成員が増えた場合は，所得格差の指標を作成し，所得格差の程度を見る。
その1つがジニ係数である。

図表17−1　ジニ係数

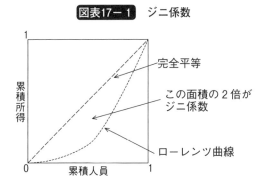

　所得等が完全に分配されている場合に比べて，どれだけ分配が偏っているかを0から1までの数値に示したものであり，ジニ係数が小さいほど平等（平等に所得が分配されており）で大きいほど不平等である（所得が偏って分配されている）。

　図表17-1を使って説明すると，横は累積人員をとり，全体を1とし，縦は累積所得をとり，全体を1とする。所得の小さい順に並べ，累積人員と累積所得の関係を示した曲線がローレンツ曲線である。ローレンツ曲線が下にたわむ程，所得格差は大きい。ジニ係数は，完全平等線とローレンツ曲線でできる面積を完全平等線を斜辺としてできる三角形の面積で割ったものとして導出することができる。三角形の面積は1/2なので，ローレンツ曲線と完全平等線で囲まれる面積を2倍すればジニ係数を求めることができる[1]。

　図表17-2は社会には3人いて，それぞれの稼いだ所得が示されている。①の場合，すべての個人が同じだけ所得を稼いでいるので完全平等である。ジニ係数はゼロである。②の場合は異なっている。1人目の所得は100万円であり，全体は600万円なので，累積所得を1/6と求められる。全体で3人いるので，1人目については，累積所得1/6，累積人員1/3とプロットできる。ここで2人目の所得を足そう。すると，1人目の所得と合わせて300万円となり，全

図表17-2　ローレンツ曲線とジニ係数の導出の具体例

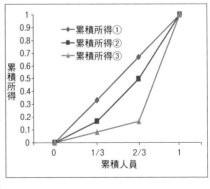

①	200万円	200万円	200万円
②	100万円	200万円	300万円
③	50万円	50万円	500万円

累積人員	1/3	2/3	1
累積所得①	2/6	4/6	1
累積所得②	1/6	3/6	1
累積所得③	1/12	1/6	1

体の600万円の半分となり累積所得は1/2（3/6）となる。3人中2人の所得なので，累積所得1/2（3/6）と累積人員2/3をプロットすることとなる。最後の3人目の所得を足すと全体の所得と等しくなり，社会全体には3人いるので，累積所得と累積人員はともに1となる。このようにしてローレンツ曲線を求められる。③の場合は，ローレンツ曲線がより下側に移動しているので，より格差が拡大している。直感的にも③の場合の方が②よりもジニ係数が大きいことが分かる。

　当初所得とは得られた所得から税金や社会保険料を引く前の所得である[2]。再分配所得とは，当初所得から税金と社会保険料を引き，年金や医療などの社会保障給付の受取を加えたものである。**図表17−3**は世帯単位の所得で測った日本のジニ係数である。ジニ係数の推移を見ると，当初所得で見たジニ係数は上昇しているものの，再分配所得で見たジニ係数はほぼ一定の水準となっている。つまり税や社会保障制度による再分配効果のために格差を小さくすることができていると言える。

　これらの再分配効果を測るものとして，ジニ係数の改善度を考える。ジニ係数の改善度は次のように示される。

$$ジニ係数の改善度（\%）=\frac{当初所得のジニ係数－再分配所得のジニ係数}{当初所得のジニ係数}\times100$$

図表17−3　所得再分配によるジニ係数の変化

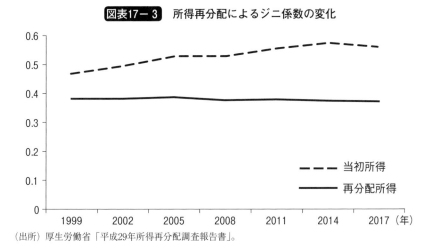

（出所）厚生労働省「平成29年所得再分配調査報告書」。

　所得再分配調査のデータによるとジニ係数の改善度は2017年で見ると33.5％となっているが，内訳は社会保障による改善度30.1％，税による改善度4.8％であり，社会保障による改善度が大きい。これは，老年世代は稼働所得がないため，当初所得で測ればジニ係数が大きく出てしまうものの，年金給付や医療給付による給付により老年世代も所得を持つこととなるため，ジニ係数が小さくなるためである。再分配係数は高齢者世帯で264.1％とかなり大きい[3]。

　一方で母子世帯の場合，再分配係数は20.5％となっており小さい。社会保障給付がジニ係数を小さくすることに貢献していると言えるが，主に，高齢者向けの年金や医療などの給付が社会保障給付の中で大きな割合を示しており，それが所得格差縮小に大きく貢献していると言える。しかし，母子世帯をはじめとする現役世代に対する社会保障給付は年金などに比べれば，それほど大きくなく，その結果，再分配効果も小さいものと言える。

　次に税の再分配効果について考えてみよう。日本の所得税には累進課税の仕組みがあり，より高い所得を稼げばより高い税率が適用され，再分配効果を持つものと考えられる。しかしながら，**図表17－4**で確認できるように，ごく近年を除いて最高税率は低下の方向となっており，累進課税による再分配効果は弱まってきたが，近年では再び最高税率を引き上げるなど所得課税の強化が行われたことなどで，税による再分配の改善度は上昇している。

図表17－4　**所得税率の税率構造の推移**

	最低税率	最高税率	税率の刻み数	住民税の最高税率
1974年	10	75	19	18
1984年	10.5	70	15	18
1987年	10.5	60	12	18
1988年	10	60	6	16
1989年	10	50	5	15
1995年	10	50	5	15
1999年	10	37	4	13
2007年	5	40	6	10
2015年	5	45	7	10

（出所）吉野（2017）

2　ジニ係数を計算する時に用いるデータ

　図表17－5は，ジニ係数の推移を示したものであるが，所得再分配調査を利用したものとは異なることが確認できるであろう。

　それは当然である。そもそもデータの出所として図表17－5のジニ係数は総務省「家計調査」のデータを用いて作成されたものであり，さらにデータは2人以上の世帯に限定しているのである。すなわち，ジニ係数などの所得格差のデータを見るときにはデータの出所に注意しなければならない。

　所得格差の程度を調べるために用いられるデータには様々なものがある。大竹（2005）を参考にまとめると**図表17－6**の通りである。

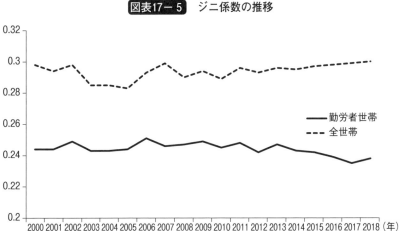

図表17－5　ジニ係数の推移

（出所）労働政策研究・研修機構「ユースフル労働統計2019―労働統計加工指標集―」より著者作成。

図表17－6 所得格差を調べるために用いられるデータ

① 「家計調査」（総務省）	学生の単身世帯などは調査対象とならない。支出を把握する家計簿など調査世帯が作成
② 「全国家計構造調査」（総務省）[4]	世帯は全国から無差別に選定。調査世帯は家計簿を作成
③ 「国民生活基礎調査」（厚生労働省）	単身世帯も含むが, 単身赴任者などは除かれている。
④ 「所得再分配調査」（厚生労働省）	国民生活基礎調査の報告者となった世帯及び世帯員

　また, 所得格差を見る際に, 所得のデータについても注意をする必要がある。世帯単位での所得格差を見ている場合, 元々共働きであった夫婦世帯が単身世帯になることによって, 世帯所得は減ることとなる。このように一緒に住むか単身で住むかによってだけで, 所得格差が発生することとなる。なので, 所得格差を測るときには世帯員当たりで見る方が適当かもしれない。ただこの場合, 世帯所得を単純に世帯人員で割って世帯員1人当たりの所得を求めるのではない。等価所得という概念を用いて導出する。

　等価所得とは, 世帯所得÷√世帯人員で世帯員当たりの所得を計算するときに用いる。例えば, 1人暮らしで600万円稼いでいる場合, 等価所得は600万円である。2人暮らしでそれぞれ500万円ずつ稼いでいる場合は1000万円÷1.4＝714万円となり, 1人暮らしが低く評価される。2人暮らしは消費が共用できるなどのメリットがあるために, そのメリットを反映させるためにこのような計算を行う[5]。従って, 世帯員当たりで所得を比較しても, 1人暮らしになることによって, 消費の共用ができないなどのことで計算される所得は低くなるために格差が発生することとなる。

3　なぜ近年ではジニ係数は上昇しているのか

　当初所得で見れば，ジニ係数は上昇を続けている。なぜジニ係数は上昇しているのか。大竹（2005）では理由として世帯構造の変化による見せかけの不平等を指摘しており，単身世帯が増加していることでジニ係数が上昇しているとのことである。これは前節でも説明した内容であるが，単身世帯が増えれば，格差は拡大することとなる。別の理由としては人口高齢化がある。年齢を重ねることで結果となる所得に格差が生じることとなる。例えば，大学を卒業した新卒の社会人が正社員として受け取る給料とアルバイトとして受け取る給料の差は存在するものの，その差はあまり大きいとは言えない。しかし，正社員として仕事を続けることによって昇給する。年齢を重ねることによってアルバイトの給料と差が大きくなる。また，正社員としての就業が続けられた者がいる一方で，育児などのために就業を中断し，アルバイトなど非正規社員として就業を再開することや失業などで就業を中断してしまう者もいると考えられる。また，日本の年金制度は保険方式であり，報酬比例年金であれば現役期の就業状況によって受け取り年金額も決まるため，再分配後の所得格差も発生することとなる。

　ジニ係数が上昇した他の要因としては，雇用環境の変化も挙げられるであろう。パート・派遣・契約社員等の非正規雇用者の割合は15.3％（1984年）から38.0％（2020年）へと上昇している。このように非正規雇用者の増加もジニ係数の上昇の要因の1つとして考えられる。

4　相対的貧困率

　貧困には絶対的貧困と相対的貧困がある。内閣府の資料によれば，相対的貧困率とは等価可処分所得の中央値の半分の額（貧困線）に満たない水準で暮らす人々の割合を示す[6]。一方で絶対的貧困とは，これ以下の所得だと食べていけないなど最低限の衣食住を整えることができない状態である。

図表17－7 相対的貧困率

	Ａさん	Ｂさん	Ｃさん	Ｄさん	Ｅさん
収入	100万円	200万円	500万円	800万円	1200万円

- 所得の中央値　500万円
  （所得の平均値　560万円）
- 中央値の半分　250万円
- 相対的貧困率　40%

図表17－8 OECD諸国の所得格差の指標

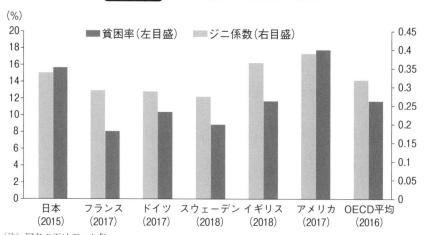

（注）国名の下はデータ年。
（出所）OECD Dataより著者作成。

　図表17－7の例を使って相対的貧困率の説明をしたい。図表17－7では所得の低い順に５人を並べている。所得の平均値は560万円であるが，使う指標は所得の中央値である。それは真ん中の者の所得で示される。従って，この場合の所得の中央値は500万円である。この半分は250万円なので，この250万円に満たない所得が100万円と200万円のＡさん，Ｂさんが貧困であると言える。全体の５人に対して２人が貧困であるので，相対的貧困率は２÷５＝0.4で40％と計算できる。

　図表17－8のデータを見ると，日本はOECD平均よりもジニ係数も相対的貧困率も両方とも高い。貧困世帯は６世帯に１世帯という計算となる。母子世帯

の貧困率は51.4%，単身世帯では34.7%，65歳以上の世帯主の所では，18.0%と
なる。橘木（2006）では高齢単身世帯における貧困率の高さを取り上げている。
母子世帯の所得状況の厳しさは既に第13章で説明したが，母子世帯に対する十
分な社会保障給付が必要であろう。児童扶養手当や生活保護給付を十分なもの
とし，また安定的な雇用状況の下で働くことができるようにしなければならな
い。また，高齢単身世帯の貧困率が高いというのがあるが，特に女性の場合，
出産・育児を契機として不安定な雇用である非正規雇用で働き続け，離婚して
単身世帯となり，そのまま高齢者となるケースが考えられる。この場合，年金
給付も多くを受け取ることはできない。貧困の原因を踏まえた上での対策が必
要であろう。

5　結果の平等か機会の平等か

　大竹（2005）では「所得はどのように決まるべきか」についてのアンケート
結果を説明している。そこでは「各人の選択や努力で決まるべき」が賛成とど
ちらかというと賛成とを合わせると8割以上である一方で，「その時々の運で
決まるべき」の賛成とどちらかというと賛成というのはほとんどいない。ここ
から考えると，所得格差が各人の努力によって決まるべきであるというのは納
得できても運で決まることは納得できないと読むことができる。
　それでは所得格差を解消するためにはどのような政策が良いのであろうか。
それはチャンスを平等に与える機会の平等を確保するような政策であろう。子
どもは親を選んで生まれてくることはできない。生まれてくる家庭によっては
大学進学のための十分な費用を用意できず進学をあきらめざるを得ないことも
あるだろう。そうなれば，就ける仕事も限られてきて，結果としての所得格差
が発生することとなり，貧困が世代間で連鎖することとなる。これを打ち切る
ための政策の1つとして考えられるのは，大学進学のための費用を本人に負担
させないことである。例えば日本の教育に対する公財政支出は低いがヨーロッ
パでは高い。公費負担が多ければ大学進学のための私費負担は少なくなるため
に，大学進学できる可能性が高まる。または進学時には日本学生支援機構など
の奨学金を借りて，社会人になった時に返済するという仕組みも利用できる[7]。

このようにスタートラインをそろえる機会の平等を達成することはできる。そこから，努力するかどうかでさらに就ける仕事の選択肢も広がるだろう。その結果，ある者は努力して賃金の高い仕事に，別の者はあまり努力をしなかったので賃金の低い仕事に就いた場合に所得格差は存在することとなる。この場合，結果の不平等が起きていることとなるが，前出のアンケート結果を考慮すると，この場合で結果の平等を達成する政策はあまり受け入れられないかもしれない。

また，結果の平等を達成する政策はあまりうまくいかないかもしれない。小塩（2016）を参考に説明したい。社会にはＡさんとＢさんの２人しか存在せず，Ａさんの所得の方がＢさんの所得よりも大きいとする。政府は所得に比例的な税から得られる税収を半分ずつ，２人に一括補助金として戻す所得再分配政策を考える。

しかし，そのような再分配政策はうまくいかない可能性がある。税率の変化が人々の行動を変化させるため，思った通りの所得再分配ができない。多くの所得を得ている者が再分配政策によって多くの負担を強いられるため，働くインセンティブが減ることにより，働く時間が減ることで所得が減り，再分配のための財源を確保できないことになる。なお，この話はラッファー曲線（税率をあまりに引き上げると人々の労働意欲が減退するために労働供給が減り，労働所得税収がむしろ減少していく様子を示した曲線）の話と同じである。

6　世代間格差

世代間格差とは世代ごとで税や社会保険料などの負担と社会保障給付などの受益を考慮した純受益（純負担）の大きさが異なることである。この純受益の大きさについて世代会計を用いて計算する。

世代会計とは，世代（コーホート，生まれ年）別に，生涯にわたる負担（政府への租税や社会保険料などの支払い）と，生涯にわたる受益（政府から受け取る年金，医療などの社会保障給付など）による受益を推計し生涯での純負担を求めたものである。将来の金額については割引現在価値で計算が行われる。割引現在価値とは将来の価値を現時点の価値に変換したものである。

高山・斎藤（2006）に収録されている吉田浩「第７章 世代間不均衡と財政

改革」を用いて今の日本の現状について説明したい。2000年基準の世代会計の結果としては，推計時点の年齢が0歳の者の生涯純負担に対して，まだ生まれていない将来世代の生涯純負担は6.9倍という数字が出ている。生涯純負担がマイナス，すなわち，受益の方が大きくなる世代は55歳以上の世代である。それ未満の世代は受益の方が負担より少ない世代となる。将来世代の負担がこれほどまでに大きくなる理由として，日本の債務残高は非常に高水準であるが，その債務残高をゼロにするように将来世代に追加負担させているからである。

　なお，この世代会計の計算についてはいくつか注意が必要である。まず，政府消費や政府投資は世代会計の受益に含まれておらず，政府による移転のみを考慮している。世代会計では政府消費や政府投資は国民に何らかの便益をもたらしていると考えられるが，どの世代にどの程度配分されるものなのかを特定するのは難しいと考えられている。この時に，例えば，教育費は移転と考えるか政府消費と考えるかで世代会計の結果は変わることとなる[8]。

　世代会計の問題の1つとして，経済成長率や利子率を一定としている点がある。政府債務や租税負担などが変われば，それは家計や企業の行動に影響を与える。具体的には政府債務残高が増加すれば直感的には利子率が上昇し，投資行動などに影響を与え，経済成長率にも影響を与えるであろう。その点について，十分考慮されているとは言い難い。また，私的な所得移転については世代会計では考えられていない。たとえ，老年世代がより多くの純受益を得ていて，若年世代の純負担が多いとしても，バローの中立命題のように老年世代から若年世代への所得・資産の移転が行われていれば，世代間の不公平は問題ではないのではと考えることができる。

　分析の結果として，世代間の負担格差を無くすために0歳の者の生涯純負担と将来世代の生涯純負担を同じにするために，すべての税，社会保険料の負担を4割増，すべての社会保障，移転支出などの受益を6割減とする必要があることが導出されている。将来世代のためのそのような負担は，現在生きている世代にとっては到底引き受けられないものである。

　今生きている中でも世代間の格差は存在している。高齢化により社会保障給付の増加のために現役世代が支払う租税や社会保険料負担は上昇傾向となっている。それを抑えるためには社会保障給付を抑える必要があるが，これには老

年世代が反発する。従って，今生きている中での世代間の格差を解消するのは難しい。まして，今生きていない将来世代との格差の解消は，将来世代はまだ生まれていないので，今生きている世代によって妨げられることとなるだろう[9]。

7　税制改正と世代間格差

少子高齢社会においては，現役世代の負担が重くなる所得税よりも幅広い世代に負担させることが可能である消費税の方が望ましいことが考えられている。しかし，税制改正はある特定の世代に負担を負わせる可能性がある。井堀（2013）の例を用いて説明したい。

各世代は若年期と老年期の2期間生存する。政府は10の支出を行うために税金を10とる。最初は若年期と老年期に5ずつとる税金であるとする。途中から若年期には税金をとらないが老年期には10の税金をとる方式に変更する場合を考える。

図表17－9が示すように，この場合，生涯の負担は10で変わらないように思えるが，税制の移行期の世代の負担は重くなる。若年期には「若年期と老年期

図表17－9　税制改正

税負担	5	5
第1世代	若い時	老いた時

この世代は損をする…

税負担	5	5→10
第2世代	若い時	老いた時

税負担	5→0	0→10
第3世代	若い時	老いた時

に５ずつとる税金」である旧制度であり，老年期には「老年期に10とる税金」
である新制度に移行した場合，税の生涯負担は15となり，この世代の負担が重
たくなる。

8　多数決原理と中位投票者定理

　現在の民主主義社会においては，社会を構成する住民が，投票という形で意
思表明を行う形で政策が採用される。そこでは，多数派の意思が採用される
（多数決原理）。多数決による政策の決定は，少数意見が排除され，多数決によ
る暴政が懸念されるが，一方で，極端な政策が選ばれる可能性が低くなること
を考えると，望ましい特徴も持っている。

　人々の政策に関する選好が単峰型をしている場合には，中位投票者の好む政
策が多数決制の下で選ばれる[10]。ここで１つの例を考える。社会保障給付の費
用を消費税と所得税で賄うとする。消費税率が高ければ所得税率は低く済み，
消費税率が低ければ所得税率を高くしなければならない。若いほど所得税を多
く払うことになるので，所得税を軽くし消費税を重くして欲しいと考えるが，
年をとっている人ほど所得税は負担せず消費税を負担することになるので消費
税を軽くしてほしいと考えるとする。また，最も好む消費税率の時の効用が最
も高い。最も好む消費税率から離れるほど効用が低いとする。

　ケース１では，

　10％と８％では10％をＡが選び，８％をＢとＣが選ぶので８％が選ばれる。

　８％と３％では８％をＡとＢが選び，３％をＣが選ぶので８％が選ばれる。

　従って，好みとなる消費税率を高い順に並べた時に真ん中の税率を選好する
Ｂ（中位投票者）の好む税率が投票の結果選択される。もし，高齢化が進んだ
場合はどうなるか。次のケースを考えたい。

図表17−10　各世代が好む消費税率（ケース１）

	A（30代）	B（40代）	C（60代）
最も好む消費税率	10％	8％	3％

図表17—11　各世代が好む消費税率（ケース2）

	A（40代）	B（50代）	C（70代）
最も好む消費税率	8％	4％	2％

ケース2では，

8％と4％では8％をAが選び，4％をBとCが選ぶので4％が選ばれる。

4％と2％では4％をAとBが選び，2％をCが選ぶので4％が選ばれる。

従って，高齢化が進むと選択される消費税率はより小さくなることが分かる。これは，少子高齢社会において消費税の増税を行うのが難しいことを示している。現に1997年に5％に引き上げられた消費税率を8％に引き上げたのは2014年であるが，17年もかかった。このように政策の実行可能性を考える時に少子高齢化の観点を外すことはできない。

9　所得格差の存在から見えてくるもの

本章では所得格差の指標としてのジニ係数や相対的貧困率の概念を説明した。所得格差は教育などの機会を奪ってしまうことを説明した。その機会を運悪く得られなければ，その後の人生も低所得で苦しんでしまい，その子どもも同様に機会を得ることができず，同様の人生を送る可能性が高い。貧困の連鎖を断ち切るためには機会を与えなければならないであろう。教育を受けさせるための費用を家計に負担させるのではなく公的な負担を増やすといった機会の平等化を図る政策も可能であるが，再分配を通じて結果の平等を達成することでその貧困で苦しんでいる家計も所得に余裕を持つことで子どもに教育の機会を与えることができるので結果的に機会の平等化を達成することができるであろう。

その意味で結果の平等も重要な意味を持つと考えられる。しかしながら，行き過ぎた平等化政策はインセンティブを削ぐだろう。具体的には，高い所得の仕事があることでそれを目指すという行動が考えられる。しかし，再分配政策によってそのような仕事でも税引き後ではあまり収入が得られないなら，その仕事に就くインセンティブがないだろう。それは結果的に経済全体の再分配のための財源が少なくなることにつながり，再分配を受ける側にとっても望まし

くない。行き過ぎた再分配政策にならないよう，しかし，必要なところに再分配政策が届くよう配慮をしていかなければならない。

■注

1）「完全平等線とローレンツ曲線とでできる面積」は図表17-1の三日月部分の面積であり，この面積を「完全平等線を斜辺としてできる三角形」の面積で割ることによって求められるが「完全平等線を斜辺としてできる三角形」は底辺1，高さ1の三角形なので，面積は1/2である。「完全平等線とローレンツ曲線とでできる面積」÷1/2は「完全平等線とローレンツ曲線とでできる面積」×2である。

2）厚生労働省「所得再分配調査」では，当初所得とは，雇用者所得，事業所得，農耕・畜産所得，財産所得，家内労働所得および雑収入並びに私的給付（仕送り，企業年金，生命保険金等の合計額）の合計額と説明している。

3）再分配係数とは，$\dfrac{再分配所得 - 当初所得}{当初所得} \times 100\%$で示されるものである。なお，母子世帯の再分配係数は2011年では31.9%となっており，2017年では低下している。この低下の原因としては，当初所得の増加，再分配所得の減少が考えられるが，この間，当初所得も再分配所得も上昇しており，当初所得の増加の効果が大きいため，再分配係数が小さくなっていると考えられる。

4）ただし，2019年よりも前は「全国消費実態調査」であった。

5）例えば，冷蔵庫は2人暮らしになったとしても1つで良いし，電気の基本料金も1軒分となるので，費用節約的となる。

6）等価可処分所得は世帯可処分所得÷√世帯人員で求める。

7）東京都福祉保健局「東京都における児童養護施設等退所者へのアンケート調査報告書」によれば，4年生大学の卒業生の割合が非常に小さい。この原因の1つとして進学にかかる費用が考えられる。

8）教育費を移転支出として受益に加える場合，0歳の者の生涯純負担に対して，将来世代の負担は18.1倍となる。

9）もちろん，無尽蔵に国債を発行し続けられるわけではない。これ以上国債を発行できなくなった場合に，将来への負担の先送りがなくなるので，現在の世代が負担をすることとなる。また，国債の価値が暴落などして，現在世代が経済的な負のショックを受けるという形の負担もあり得るだろう。

10）具体的には最も好む税率の時には効用は最も高いが，そこから税率が高いまたは低い場合は効用が低下する場合を考えている。

演習問題 （第17章）

A．所得再分配に関する次の問題に答えなさい。

この地域には３人住んでおり，所得を調査した所，ある年には①，別の年には②，また別の年には③の所得のデータを得ることができた。

	Ａさん	Ｂさん	Ｃさん
①	200万円	200万円	200万円
②	100万円	200万円	300万円
③	50万円	50万円	500万円

累積人員	1／3	2／3	1
累積所得①	2／6	4／6	1
累積所得②	1／6	3／6	1
累積所得③	1／12	1／6	1

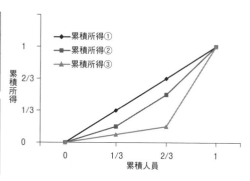

1．ジニ係数と相対的貧困率の定義を説明しなさい。

2．①～③の中で最も所得格差が大きいのはどれか。理由とともに説明しなさい。

3．③のケースにおけるジニ係数を求めなさい。

4．①～③の中で相対的貧困に該当する者がいるか，いないかを答えなさい。いる場合はそれぞれのケース（①～③のうち）で誰が該当するかを答えなさい。

B．世代間格差に関する次の問題に答えなさい。

1．世代会計における生涯純受益（純負担）とは何かを説明しなさい。

2．世代会計の問題をバローの等価定理と関連して説明しなさい。

C．次の問題について考えなさい。

所得格差の指標については，ジニ係数，相対的貧困など様々な指標がある。格差を測る指標としてはどのような指標が望ましいのだろうか。また，格差については所得格差だけでなく，資産格差も考えられる。格差を考える上の注意点は何だろうか。

財源調達の経済分析
──財源調達のあり方を考える基準

> **本章の目的**
>
> 　社会保障制度と財源調達の話は結びつきにくいかもしれない。しかし，財源の話は特に重要であると思われる。社会保障に必要な財源を調達できて初めて必要な社会保障給付を行うことができる。そのような財源をどのように集めていくべきか。どのような財源調達が望ましいのか。少子高齢社会において高齢化はますます進む。社会保障給付もより多く必要となる。そのための財源調達のあり方を考察することは喫緊の課題である。本章では課税などによる財源調達が経済にどのような影響を与えるのかを示し，財源調達のあり方についての考え方を提示する。

1 間接税の経済分析

1.1 基本モデル

　消費課税などの間接税の場合に，税の導入によって市場の取引量や価格はどのようになるのかを説明する。なお，税が課せられた財やサービスの市場だけに限定して影響を分析する部分均衡分析を行う。

図表18-1 部分均衡分析（ビールの市場）

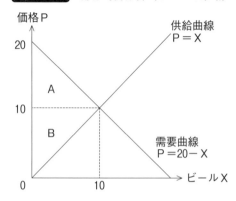

　ここで分析に必要な基本概念について触れておきたい。需要曲線とは需要量（欲しいと思う量）と価格の関係を示した曲線であり，供給曲線とは供給量（生産したいと思う量）と価格の関係を示した曲線である。安ければ安いほど購入を増やすと考えられるので需要曲線は右下がりである。一方で，高ければ高いほど生産を増やすと考えられるので供給曲線は右上がりである。需要曲線と供給曲線が交わる所が均衡点であり，そこでは需要量と供給量が一致する。その時の需要量または供給量を均衡取引量，その時の価格を均衡価格という。

　図表18-1の例では，均衡取引量は供給曲線P＝Xを需要曲線P＝20-Xに代入してX＝20-Xより2X＝20，X＝10となる。均衡取引量は10である。この時の価格は需要曲線，または供給曲線よりP＝10となる。円で考えれば10円である。

　また，その市場均衡点が社会的に望ましいかどうかを考察するツールとして余剰の概念がある。消費者余剰とは消費者が払っても良いと思う額と実際に支払う額との差（消費者が得した分），生産者余剰とは生産者が売っても良いと思う額と実際に売る額との差（生産者が得した分），社会的余剰とは，社会的厚生の大きさ（大きいほど良い）であり，ここでは消費者余剰と生産者余剰の合計である。計算の結果，

　消費者余剰（A）（20-10）×10÷2＝50

　生産者余剰（B）10×10÷2＝50

　社会的余剰（A＋B）50+50＝100

となる。

1.2　従量税を課す場合

　従量税とは，重量や容積の単位当たり t 円として課される物品税である。例えば，ビール（発泡性種類）：1 kℓ当たり220000円，ガソリンの場合は1 ℓ当たり53.8円，たばこの場合は1000本当たり13244円（国税＋地方税）である。このような消費課税は一般的には，生産者が消費者より消費課税分を預かり生産者が納付することとなる。すなわち，消費者は納税負担者，生産者は納税義務者となっている。

　今ここで，政府がビール1本当たり4円の税金を課すこととし，生産者に納税させることとする。生産者は1本当たり4円分上乗せして消費者に売る。例えば，消費者に税込み12円で売る場合，生産者には12円入ってくるのではなく，12円から税金4円を引いた8円が入ってくることになる。この消費者が支払う価格12円を消費者価格（課税後価格）であり，税金分を引いた生産者が受け取る価格8円を生産者価格（課税前価格）という。税金が入る場合は「消費者価格＝生産者価格＋1本当たりの税金」となるように価格が決まり，課税後の取引量も決まることとなる[1]。

　供給曲線はP＝Xでこれに1本当たりの税金は4円であり，合計すると，P＝X＋4である。これを課税後供給曲線という。これと需要曲線P＝20－Xと連立させると20－X＝X＋4が得られ，2X＝16，従って，X＝8となる。この時の課税後価格（消費者価格，消費者が購入する価格）はP＝8＋4＝12となる。生産者価格（税引き後受け取り価格）は消費者から受け取った12から4円引いた8円である。図示すると，**図表18－2** の通りである。

　ここで，生産者は税額をすべて消費者に転嫁させたはずなのに，消費者の支払う価格は2円しか増えていない。一方で，生産者は課税後価格12円で売っているが，4円は政府に持っていかれるので8円手元に残ることになる。すなわち，ビール税4円のうち，負担の帰着，最終的な負担の引き受けとして消費者は2円，生産者は2円負担していることになる。4円上乗せして売ったところで，需要量＜供給量なので値段を下げざるを得ない。従って，生産者も税負担を免れないこととなる。

図表18-2 従量税の場合

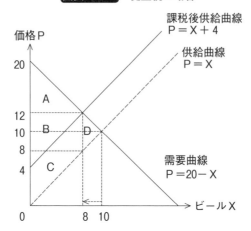

次に望ましさの指標として，余剰分析を行いたい。余剰については次の通りである。

消費者余剰（A）＝（20-12）× 8 ÷ 2 ＝ 8 × 8 ÷ 2 ＝ 32

生産者余剰（B）＝（12-4）× 8 ÷ 2 ＝ 32

税収（C）＝ 8 × 4 ＝ 32

社会的余剰（A＋B＋C）＝ 32＋32＋32 ＝ 96

ここでは，得られた税収はそのまま戻す（具体的には社会保障給付など考えても良い）ため，社会全体で得をしているので社会的余剰に含む。この場合，社会的余剰は96であるが，税金をとって戻しているにもかかわらず，社会的余剰は，厚生損失の分だけ低下している。すなわち，

厚生損失（D）＝（12-8）× 2 ÷ 2 ＝ 4

だけ減少している。この社会厚生の減少分を厚生損失という。すなわち，税金をとらなければ，厚生損失4の分だけさらに社会的余剰が高められる。消費課税により社会的余剰4が失われる。従って，消費課税は社会的余剰を減らすので非効率的である。

1.3 従価税の場合

従価税とは価格のt％として課される物品税であり，現行の消費税などが当

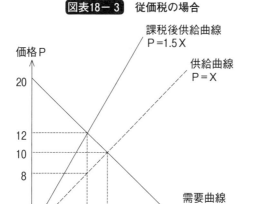

図表18－3　従価税の場合

てはまる。

　価格に対して50％の消費税を課す。この時，**図表18－3**で示されるように，消費者価格は生産者価格の1.5倍となる。従って，供給曲線がP＝Xで与えられた場合，Xに1.5を掛けてP＝1.5Xとして，需要曲線と連立させることにより1.5X＝20－Xとして，計算すると2.5X＝20，そして，X＝8となる。この時の消費者価格は需要曲線に代入することにより12と得られる。生産者価格は8である。以下同様に余剰なども求めることができる。

2　需要の価格弾力性と負担の転嫁

　図表18－4の左図は価格の変化に対して需要の変化が大きい場合であり，需要の価格弾力性が大きい場合と言える。この時は従量税をかけることによって，取引量は大きく低下，消費者への価格転嫁は小さく生産者の負担分が大きい，そして厚生損失が大きいことが分かる。

　一方で，図表18－4の右図は価格の変化に対して需要の変化が小さい場合であり，需要の価格弾力性が小さい場合と言える。この時は従量税をかけることによって，取引量の低下は小さく，消費者への価格転嫁は大きく生産者の負担

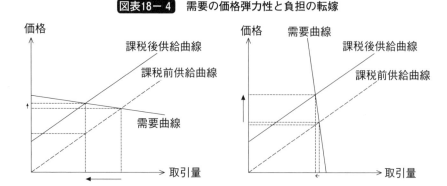

図表18－4 需要の価格弾力性と負担の転嫁

分が小さい，そして厚生損失が小さいことが分かる。

　この場合，需要の価格弾力性が小さい場合は，取引量の低下が小さいために税収を効果的に集められ（税率を上げて取引量が大きく減れば税収はそれほど増えない），厚生損失が小さい。従って，需要の価格弾力性の小さい財に対しては税率を高くし，需要の価格弾力性の大きい財に対する税率を低くすべきであるといえる。これをラムゼイの逆弾力性ルールという。

　しかし，価格が上昇したにもかかわらず購入量をあまり減らさない財，それは価格が上昇しても購入量を減らせない生活必需品などが該当すると考えられる。そのような生活必需品に対して高い税率を課することは低所得者を苦しませるものであると言える。

　消費税の引き上げに伴い，ある業者が別の業者に対して物を売る際に，物を売る企業が消費税分を価格に上乗せして売ることができずに損害を受けることがないように，国により施策が行われている。しかし，これまでの分析でも明らかになったように，市場均衡を考えると，消費税分を完全に価格転嫁する状況が達成されるのは非常に困難であろう。と考えると，消費税分の価格転嫁に関しては部分的なものに留まらざるを得ないとも言える[2]。

3　2財モデルにおける需要量の決定

　本節では，消費者が2種類の財を購入して消費する場合に，消費税によって

消費者の消費行動がどのように変わるのかを見たい。実際には，消費者は１種類の財を購入するのではなく複数の種類の財を購入する。従って，複数の種類の財の購入を考慮する場合での分析の方がより現実的である。ただ，複雑になるので，ここでは２種類の財に限定する。

3.1　基本モデル

　次の例を考える。私はビールとマメを食べにこの店に来る。ビールを飲みながらマメを食べることで私は効用が得られる。今，私の財布の中身は1000円しか入っていない。一方で，ビール（X財）は１本100円，マメ（Y財）は１つ100円である。ビールをX本飲み，マメをY個食べた時の効用がU＝XYで示される場合，私はビールとマメをそれぞれいくつ購入するだろうか。

　このような分析をするために，効用関数の概念が必要である。効用関数とは，消費量と効用（うれしさ）の関係を示した式である。本節ではU＝XYとしている。

　そして，消費できる財の組み合わせを示した式を予算制約式という。１本100円のビールをX本，１つ100円のマメをY個購入した場合の支出額は100X＋100Yである。手持ちの所得1000円目いっぱい使うならば，支出額は1000円でなければならない。すなわち，式は100X＋100Y＝1000（X＋Y＝10）である。

　予算制約式という制約の下で効用を最大化する消費の組み合わせを決める。予算制約式Y＝10－Xを効用関数に代入すると，

$$U = X(10-X) = -X^2 + 10X$$

となる。二次関数となるので頂点を求めれば，効用を最大化するXが決まる。

$$U = -X^2 + 10X = -(X^2 - 10X) = -(X^2 - 10X + 5^2 - 5^2) = -(X-5)^2 + 25$$

　頂点はX＝５，U＝25である。従ってX＝５であり，予算制約式よりY＝５が得られる。このときの効用は25である。

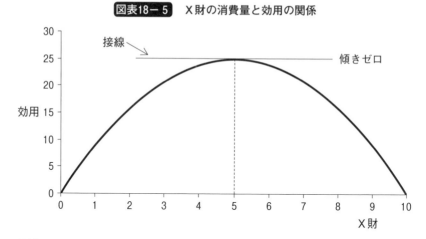

図表18－5 X財の消費量と効用の関係

図表18－5を見ると，最も効用が高い時の接線の傾きはゼロであることを考えると，微分してゼロとおいて，その時の消費量を求めることもできる。U＝－X^2＋10XをXで微分すると$\dfrac{dU}{dX}$＝－2X＋10が得られる。従って，－2X＋10＝0よりX＝5が得られ，予算制約式よりY＝5が得られる[3]。

3.2　個別消費税の場合

基本モデルにおいてX財1単位に対して100円の従量税（または100％の従価税）を賦課する場合，この個人のX財とY財の購入量，効用水準，税収を求める。予算制約式は，X財の価格が税金により100円から200円となるので，200X＋100Y＝1000，すなわちY＝10－2Xとなる。これを効用関数に代入するとU＝－2X^2＋10Xが得られる。効用関数は二次関数となるので頂点を求めれば効用を最大化するXが決まる。

$$U＝-2(X^2-5X)＝-2(X^2-5X+2.5^2-2.5^2)＝-2(X-2.5)^2+12.5$$

従って，X＝2.5　Y＝5　U＝12.5　税収＝100×2.5＝250円である。

また，微分を使って解くこともできる。U＝－2X^2＋10XをXで微分すると$\dfrac{dU}{dX}$＝－4X＋10が得られる。従って，－4X＋10＝0よりX＝2.5が得られる。

3.3　一括所得税の場合

個別消費税の場合では税収250円を得ることができた。この税収250円を消費税ではなく，一括所得税で徴収する場合の財の消費量と効用水準を求める。この時，手持ちの所得は1000円から一括所得税250円の分だけ減少するので750円となり，予算制約式は$100X + 100Y = 750$，すなわち$X + Y = 7.5$となる。効用関数に代入すると$U = XY = X(7.5 - X) = -X^2 + 7.5X$が得られる。

効用関数は二次関数となるので頂点を求めれば効用を最大化するXが決まる。

$$U = -(X^2 - 7.5X) = -(X^2 - 7.5X + 3.75^2 - 3.75^2) = -(X - 3.75)^2 + 14.0625$$

従って，$X = 3.75$　$Y = 3.75$　$U = 14.0625$である。

$U = -X^2 + 7.5X$をXで微分すると$\dfrac{dU}{dX} = -2X + 7.5$が得られる。従って，$-2X + 7.5 = 0$より$X = 3.75$が得られる。

税収は同じであるのにもかかわらず，効用水準は一括所得税の方が大きい。従って，個別消費税よりも一括所得税の方が望ましい。

3.4　一般消費税

X財とY財に一律的な消費税が課せられる場合を考える。

X財とY財の両方に等しい従価税率tを掛ける。このとき，予算制約式は$(1 + t)100X + (1 + t)100Y = 1000$，すなわち$X + Y = \dfrac{10}{1 + t}$となる。$10/(1 + t) = 7.5$となるようにtを決めるとすると$t = 2.5/7.5 = 1/3$となる。すなわち，$t = 1/3$の税率にすれば，250円を徴収する一括所得税と同じになり，消費量や効用水準も同じとなる。

実際確認すると税収は$1/3 \times 100 \times 3.75 + 1/3 \times 100 \times 3.75 = 250$円となり同じである。税収は250円で個別消費税と一般消費税は同じ税収であるにもかかわらず，効用水準は一般消費税の方が大きい。従って，個別消費税よりも一般消費税の方が望ましい。

得られた結果をまとめると**図表18－6**の通りである。

図表18-6 消費課税による需要と効用の変化

	X	Y	U
課税なし	5	5	25
個別消費税	2.5	5	12.5
一括所得税	3.75	3.75	14.0625
一般消費税	3.75	3.75	14.0625

　個別消費税よりも一括所得税や一般消費税の方が同じ税収を集めるという制約の下で効用水準がより大きくなるので，望ましく，効率的である。消費比率に影響を与えないような税制が望ましいと結果から分かる。個別消費税はX財とY財の価格比に対して影響を与えるため，購入量の比率に影響を与える（これを代替効果が働いているという）。購入量の比率に影響を与えることで効用がより大きく低下するのである。

4　消費税の性質

　日本ではほぼすべての消費に対して消費税が課せられている。景気の良し悪しにかかわらず，生活必需品は買わざるを得ない。一方でぜいたく品は景気が良い時は消費が伸びるものの景気が悪い時は消費が伸び悩むので，安定的な税収を望むのであれば，生活必需品に消費税を課した方が良いことになる[4]。現に，現行の消費税制度においては安定的な消費税収が**図表18-7**のように得られている。

　数値例でも示したように，すべての財に一律の税をかけた方が効用水準は高い。ただ，これは自由に2種類の財を購入できる個人で成立する。もし，所得が少なく，支出を最低限にしたいために食料としてのマメだけを購入する家計からすれば，ビールだけに課税されることによって，低所得者に対する配慮が可能となる。従って，ここでのビールを買わない低所得者にとって，軽減税率は望ましいことになる。

　消費税には逆進性の問題がある。低所得者ほど，消費税の実効税率（＝消費税額÷所得）は高くなっている。低所得者の課税負担を軽くするために，生活

必需品などに対する消費税を低くする軽減税率という仕組みが外国では採用されている[5]（**図表18－8**）。

　ただ，軽減税率とすることは線引きが難しいということに加え，軽減税率はそれを必要としない高所得者に対しても恩恵を与えることになり，所得再分配効果が弱い。また，2財に同じ税率をかけた方がより効用が高まることは数値例でも確認した。従って，低所得者に対する配慮としては軽減税率ではなく，

図表18－7　税収の推移

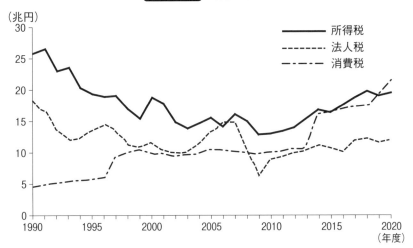

（出所）財務省「税収に関する資料」より著者作成。

図表18－8　各国の軽減税率の概要

	標準税率	食料品	医薬品	新聞	運賃
日本	10%	8%	10%	8%	10%
フランス	20%	5.5%	2.1%	2.1%	10%
スウェーデン	25%	12%	0%	6%	6%
ドイツ	19%	7%	19%	7%	7%
イギリス	20%	0%	0%	0%	0%

（注）税率は原則的な取り扱いのものを示す。
（出所）財務省「消費税など（消費課税）に関する資料」より著者作成。

所得補助，いわゆる給付付き税額控除というものがある。言葉の通り，一定の所得水準以下の納税者を対象に税額控除に加え必要に応じて現金給付を行うという仕組みである。このような仕組みはアメリカ，イギリス，カナダなどで導入されている[6]。しかし，このような給付付き税額控除は政府が納税者の所得を正確に把握することが必要である。本来は給付付き税額控除の対象ではない世帯であるはずなのに，その世帯が所得を過少申告することにより，結果として，政府が把握する所得が少ないならば給付を受けることが可能となり得る。なので，そのようなことを防ぐために政府が正確に所得を捕捉する仕組みが必要であり，日本において導入されたマイナンバー制度はその1つと言えるだろう。

5　国債による財源調達

　国は借金をする際に，主に国債という債券を発行して資金を調達する。地方政府も同様に借金をする際に，主に地方債という債券を発行して資金を調達する。この国債と地方債を合わせて公債と言う。国債には様々な種類があるが，ここでは財務省の資料に基づいて，建設国債，特例国債と借換債について説明したい。建設国債とは，公共事業などの財源を調達するために発行されるものである。一方で，特例国債（赤字国債とも言われる）とは，建設国債を発行してもなお歳入が不足すると見込まれる場合に，公共事業費等以外の歳出に充てる財源を調達することを目的として発行されるものである。

　国債は国から見れば借金であり，お金を借りている間は国債を保有する者に対し利子を払い，一定の決められた期日に返済（債務の償還）をする必要がある。国債による資金調達は税金とは異なり，国民が貸したお金が後に戻ってくることになるので，税金と異なり反発が少なく，必要な資金を集めやすいというメリットがある。しかし，返済時には増税などで資金を調達する必要があるので，将来世代の税負担が重くなるという負担の転嫁が行われることとなる。また，財政法では日銀引き受けによる国債引き受けを原則禁止しており，市中消化による発行を認めている。市中消化とは，国債を銀行などの金融機関等を通じて国民に購入してもらうことである。

　なお，借金の返済，すなわち，国債の償還は60年償還ルールに基づいて行われる。60年かけて返済する過程で借り換えを行うわけだが，その借り換えの際に発行される国債が借換債である。

6　公債発行による将来世代への負担の転嫁

　公債発行による資金調達は，現在世代に対しては増税を行わないために，現在世代に対しては負担が存在しないものの，公債の償還のために将来に増税が行われるために将来世代に対して負担が発生する。しかし，将来世代に負担を転嫁させることは将来世代に税負担の増加を通じて負担を負わせるものであるが，公共事業などでダムや道路を作った場合は将来世代も利用できるので，将来世代にも負担させるべきである。このように将来世代への負担の転嫁は必ずしも悪いものとは言えない。本節では小塩（2016）を参考にマクロ経済の観点から将来世代の負担の転嫁について考えたい。

6.1　クラウディングアウトによる負担の転嫁（モディリアーニ）

　公債発行により，家計の貯蓄資金の一部は政府部門に流れるために，民間部門に流れる貯蓄資金は減ってしまうこととなる。民間部門に流れる貯蓄資金が減れば，その貯蓄資金を財源とする投資が減るため，設備投資などの低下による生産力の低下を通じて将来所得を低下させることを通じて，将来世代に負担が転嫁する。**図表18－9**を用いて説明したい。

　貸し付けたい資金（貯蓄であり資金供給）の大きさと借りたい資金（投資であり資金需要）の大きさが一致するように利子率と貸付資金（貯蓄の金額または投資の金額）が決まる。資金供給曲線は右上がりであるが，利子率が高いほどより多くのお金を預けようとすることを意味している。逆に，利子率が低いほど，より多くのお金を借りようとする。よって資金需要曲線は右下がりで示されている。

　公債の購入により民間部門への資金供給が減る。このとき，資金供給曲線は左シフトする。このとき，利子率が変化しない下では資金供給＜資金需要となるために，利子率は上昇する。利子率上昇により貸付資金量は減り，投資が減

図表18－9 公債発行のクラウディングアウト効果

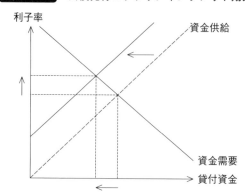

る。よって生産力が低下して，長期の国内総生産が低下する。

6.2　内国債と外国債の負担の違い（ラーナー）

　ラーナーは負担を「一国全体の利用可能な資源の減少」と定義している。政府が公債を発行し，それを財源にして政府支出を増やせば，公債発行の分だけ民間部門の利用可能な資源の量は減少するが，一方で政府部門の利用可能な資源の量はその減少分と同じだけ増加し，国内で利用可能な資源の量は不変である。従って，現在世代への負担はない。

　一方，将来時点では，政府が公債の償還のために増税するが，その増税分は公債保有者に渡される。内国債の場合，すなわち，公債保有者が国内に住んでいる場合，将来世代では増税され減少する資源の分と公債が償還されることで増加する資源の分が同じであることから，一国全体の利用可能な資源の量は不変である。従って，将来世代への負担の転嫁は発生しない。

　しかし，外国債の場合は負担の転嫁が生じる。外国債の場合，発行時には外国から資源が流入するため利用可能な資源が増えるものの，償還時には国内の居住者に増税する。一方で，得られた税収は外国債であるため，その償還資金は外国の居住者に渡るので，国内で利用可能な資源は外国に流出する分だけ少なくなり，将来世代へ負担が転嫁されることとなる。日本の国債保有は多くは国内保有者であったが，近年は海外保有者も増えてきており，ラーナーの視点

に基づく公債負担の考え方は注目する必要はあるだろう。

6.3　バローの等価定理（中立命題）

　ある世代に対して追加的な社会保障給付が公債発行による財源調達で行われたとする。その結果，所得が増えて消費を増やすイメージを持つが，公債の償還による増税が当該世代に対して行われた場合，追加的な社会保障給付と増税との相殺のため，生涯所得に変化はないため，生涯所得を基準として消費を決定する個人であれば，消費は何ら変化しない（リカードの等価定理）。

　しかし，公債の発行と償還が世代の枠を超えてなされる場合には，リカードの中立命題は成立しない。増税が後の世代に行われる場合，負担はなく給付だけなので，生涯所得は純増し，給付が行われた世代の消費を増やすこととなる。一方で，増税される世代は増税負担を被るために生涯所得の低下により消費を減らす。この場合，税を負担する将来世代に対して公債の発行による負担の転嫁が起きている。

　しかし，親の世代が後の子孫の世代に関心を持つとすれば，将来，子孫の世代に課税がなされても負担にならないように親が資産を残すという合理的行動をとる（遺産）。老年世代に対する社会保障給付のために公債が発行されたとしても，老年世代は若年世代のために遺産という形での所得移転を行う。従って，公債の発行と償還により将来世代に負担が転嫁されているように見えるが，遺産や贈与などの私的所得移転との相殺を考えると将来世代の負担は何ら発生していないこととなる。これをバローの等価定理という。しかし，バローの等価定理が成立する前提条件は厳しい。例えば，各個人は子孫の経済状態も自らの効用として考え適切に財産を残すという条件が必要である。また，各個人は将来を合理的に予測する（将来の増税を正しく予想できる）といった条件も必要である。

7　労働所得税の分析

　課税は消費に対してだけでなく，所得に対しても行われている。所得税としては労働所得に対する課税の他にも資本所得に対する課税など様々あるが，こ

こでは，労働所得税が労働供給にどのような影響を与えるのかを考察する。

7.1　労働所得に対する税金がない場合

個人は余暇と消費から効用を得られるものとする。効用関数を $U = CL$（C：消費　L：余暇）とし，個人の全体の時間を1とする。時間を余暇と労働に分けるとすると労働時間は $1 - L$ である。財の価格を1とする。時間当たりの賃金率を1000とする。この時，予算制約式は $C = 1000（1 - L）$ である。効用関数に代入して，効用最大化を達成する労働時間を求める。予算制約式を効用関数に代入すると次の式が得られる。

$$U = CL = 1000（1 - L）L = 1000（- L^2 + L）$$

Lで微分して0とおくことによって効用を最大化するLを求めることができる。$\frac{dU}{dL} = 1000（- 2L + 1）= 0$ より $L = 1 / 2$ である。従って労働時間は $1 / 2$，$C = 500$ より $U = 250$ である。

7.2　賃金率に対して20%の税率が課せられた場合

受け取り賃金が1000から800となるので，予算制約式は $C = 800（1 - L）$ となる。この予算制約式を効用関数に代入することで，効用最大化を達成する労働時間を求める。予算制約式を効用関数に代入すると次の式が得られる。

$$U = CL = 800（1 - L）L = 800（- L^2 + L）$$

Lで微分して0とおくことによってLを求めることができる。$\frac{dU}{dL} = 800（- 2L + 1）= 0$ より $L = 1 / 2$ である。従って労働時間は $1 / 2$，$C = 400$ より $U = 200$ である。この時の税収は $200 \times 1 / 2 = 100$ となる。

7.3　税収100を一括税で徴収する場合

この時，働いて得た所得から労働に関係なく，100が徴収されると考えるので，予算制約式は $C = 1000（1 - L）- 100$ となる。この予算制約式を効用関

数に代入すると次の式が得られる。

$$U = CL = (900 - 1000L)\,L = 900L - 1000L^2$$

$\dfrac{dU}{dL} = 900 - 2000L = 0$ より余暇時間は $L = \dfrac{9}{20}$ となる。労働時間は11/20，$C = 450$，$U = 202.5$ である。

以上をまとめると，**図表18-10**のようになる。

図表18-10 所得課税と労働時間の変化

	消費C	労働時間 1 - L	効用U
① 課税なし	500	1 / 2	250
② 労働所得税	400	1 / 2	200
③ 一括所得税	450	11/20	202.5

　労働所得税によって労働時間が変わらないのは，賃金に対する課税により余暇をとることの機会費用が小さくなるので（働くことで得られる賃金は少なくなるので，余暇をとることの損失は少ないと考える），余暇を増やし，労働時間を減らす行動をとろうと考えるが，課税により所得が減少するので，それを補うために労働時間を増やし，その増加と減少の効果が相殺されていると考えられる。

　この分析でも消費課税での分析と同様に，一括所得税が望ましいという結果が得られる。

8　公平性か効率性か

　効率性の観点からはすべての財・サービスに同率の課税を行う一律的な消費課税や一括税が軽減税率などの財・サービスごとに異なる税率を課す消費課税より効用を引き上げることができるので，軽減税率などは望ましくないと言える。また，一括税の方が，労働所得に比例的な税よりも効用水準がより大きいので望ましいことも示した。しかし，効率性を追求した税体系は生活必需品に

対する軽減税率もなければ，働いた時間や得られた所得に関係なくすべての個人に等しい税負担を負わせる一括税となるので，低所得者ほど実効税率が高くなり，負担は低所得者ほど大きくなり，高所得者ほどより多くの負担をすべきであるという垂直的公平性の観点から問題である。効率性と公平性のトレードオフが存在しているため，税制だけで効率性と公平性を同時に達成する仕組みを作るのは難しいだろう。税制では効率性を追求し，給付付き税額控除などの給付の仕組みを整えることで公平性を確保するといった仕組みが妥当であると言えよう。

■注

1）税金がない場合は，需要と供給が一致する均衡点では，消費者価格と生産者価格は一致する。税金が入った場合は，生産者価格と消費者価格は税率分だけずれることとなる。ここでの課税後供給曲線は生産者価格に税率分を含めた消費者価格で示した供給曲線である。

2）価格転嫁の拒否への対応については政府広報オンラインを参照。なお，価格転嫁の状況については，日本商工会議所の資料によると，対消費者取引において，小規模事業者は価格転嫁が難しいと示している。

3）他にも解法はある。家計の選択する効用を最大化する消費の組み合わせにおいては，価格比と限界代替率（X財を1単位増やす代わりに失ってもよいY財の単位数，X財とY財の交換比率，X財とY財の限界効用の比率）が等しくなっているので，その条件式と予算制約式を用いて求めることができる。限界効用とは，X財（Y財）を1単位増やすことによって，効用がどのくらい増えるのかを示したものである。

4）高齢者に対する社会保障給付は景気変動の影響を受ける性質のものではないため，景気に関係なく安定的に徴収できる税が望ましいと言われている。しかし，景気変動の影響を受ける税でも不景気の時の税収不足のために好景気の時に蓄えておけば問題ないとも言える。また，ビルトインスタビライザーの観点からも望ましいだろう。ただ，景気の良い時に蓄えるといった行動がきちんと行われるかは疑問であるため，安定的な税収がとれる消費税の方が良いという考え方もある。なお，所得税は不景気の時には所得が低下することから適用される累進税率も低くなり，それは税負担の低下をもたらすので，減税の効果を持っており，景気刺激の機能を持っていると考えられる。

5）税負担を消費税額÷実収入で大きさを測る場合，低所得者ほど負担が大きくなるというのが逆進性というものである。逆進性の反対は累進性である。高所得者は実収入のすべてを消費に支出するわけではなく，貯蓄に充てる分が増えることになるため，消費税額÷実収入で見た税負担は小さくなる。しかし，貯蓄は最終的に引き出され消費に充てられるので，将来消費税がかけられるものと考えれば，すなわち，一時点だけでなく異時点も考慮すれば，逆進的であるとは必ずしも言えないであろうし，そもそも，消費税以外にも様々な税制があるため，消費税だけをもって負担の不公平性を指摘するのは議論としては不十分であろう。

6）給付付き税額控除についての詳しい説明は鎌倉（2010）を参照。

演習問題　（第18章）

A．間接税の負担の転嫁と帰着に関する次の問題に答えなさい。

1．ある財の市場における需要関数と供給関数が，次のように与えられている。

（需要関数）　P＝－Q＋60　（供給関数）　P＝Q

ただし，P：この財の価格，Q：この財の生産量（需要量あるいは供給量）

である。いま，この財に1単位当たり10だけの物品税を課税することを考える。以下の空欄を埋めなさい。

課税後価格（消費者価格）	
税引き後価格（生産者価格）	
取引量	
税収	
財1単位当たり消費者の税負担分	
財1単位当たり生産者の税負担分	
消費者余剰	
生産者余剰	
社会的余剰	
厚生損失	

2．需要の価格弾力性と間接税の負担の転嫁の程度との間にはどのような関係があるか答えなさい。

3．ラムゼイの逆弾力性の命題とは何か，説明しなさい。

B．最適課税問題に関する次の問題に答えなさい。

1．効用関数がU＝XYで与えられているとする。X財の価格が100円，Y財の価格が50円，所得を1000円持っている時，この個人のX財とY財の購入量を求めなさい。

2．1．の問題において，Y財1単位に対して50円の従量税（または100％の従価税）を賦課する場合，この個人のX財とY財の購入量，税収を求めなさい。

3．2．で同じだけの税収を得るための一括所得税の額を求めなさい。

4．2．で同じだけの税収を得るための一般消費税率（両方に同率の従価消費税を掛ける）の大きさを求めなさい。

5．同じ税収を得るための望ましい課税の方法を1．～4．を踏まえた上で説明しなさい。

C．軽減税率と給付付き税額控除に関する次の問題に答えなさい。

1．消費税の逆進性とは何かを説明しなさい。

2．消費税の逆進性を緩和するための政策として軽減税率がある。軽減税率とは何か説明しなさい。さらに導入にあたって問題となる点についても説明しなさい。

3．消費税の逆進性を緩和するための政策として給付付き税額控除がある。給付付き税額控除とは何か説明しなさい。さらに導入にあたって問題となる点についても説明しなさい。

D．公債発行と将来世代への負担の転嫁に関する次の問題に答えなさい。

1．モディリアーニは公債発行によって将来世代にどのような負担が生じると説明しているか。クラウディングアウトというキーワードを用いて答えなさい。

2．ラーナーは公債発行によって将来世代にどのような負担が生じると説明しているか。内国債，外国債というキーワードを用いて答えなさい。

3．リカードの等価定理に基づいて家計の消費行動について答えなさい。

E．次の問題について考えなさい。

日本の財政状況は「大きく開くワニの口」（歳出が歳入に比べて大きく，時間が経つことにその差がますます大きくなっている状況）と言われる。このような財政状況に対してどのような対応をすべきであろうか。

社会保障の学習に関するリーディングリスト

　社会保障制度に関する文献は多くあり，どの文献も参考となるものであるが，筆者が興味を持ったもので是非読んで頂きたいものをここに挙げたい。もちろん，ここに挙げたのはあくまでも筆者の個人的な主観に基づくものである。

［１］ 駒村康平・丸山桂・齋藤香里・永井攻治（2012）『最新社会保障の基本と仕組みがよ〜くわかる本［第２版］』秀和システム
社会保障制度全般にわたって平易に書かれており，大変読み易い。日本の社会保障制度の全体的な概要を知るのには適している。

［２］ 小塩隆士（2013）『社会保障の経済学［第４版］』日本評論社
社会保障制度全般にわたる議論が行われているが，経済モデルを用いた分析などを行っており，経済学的な分析の要素が大きい。社会保障制度をどのように経済学で考えるのか，社会保障を経済学の観点から学ぶのには適している。

［３］ 畑農鋭矢・林正義・吉田浩（2015）『財政学をつかむ（新版）』有斐閣
本書は財政学のテキストであり，租税の経済活動への影響だけでなく社会保障制度を経済理論を使って説明している。

［４］ 河口洋行（2016）『医療の経済学［第３版］』日本評論社
［５］ 吉田あつし（2009）『日本の医療のなにが問題か』NTT出版
［４］は医療分野を経済学的に考察したものであるが，医療経済学の初学者にとって学ぶのに適していると思われる。ボリュームは多くなく，できるだけ平易な説明を試みており，理解しやすい構成となっている。［５］は［４］に比べるとボリュームがあるが，様々なトピックを扱っており，大変参考になる。

［６］ 橘木俊詔（2006）『格差社会─何が問題なのか』岩波書店
社会保障制度は所得格差を是正する所得再分配の仕組みであるので，所得格差自体について学習をすべきと考える。［６］は新書であり，所得格差について

学習する入り口として適している。

［7］湯元健治・佐藤吉宗（2010）『スウェーデン・パラドックス―高福祉，高競争力経済の真実』日本経済新聞出版社
社会福祉が充実していると巷では考えられているスウェーデンの仕組みの全体を示したものである。高い福祉のスウェーデンはどんな国なんだろうという疑問を持ったらまずは読んでみることをお薦めする。

［8］阿部彩・國枝繁樹・鈴木亘・林正義（2008）『生活保護の経済分析』東京大学出版会
生活保護制度を対象に経済学的分析を行った文献である。分析対象は多岐にわたっている。

［9］阿部彩（2008）『子どもの貧困―日本の不公平を考える』岩波書店
［10］阿部彩（2014）『子どもの貧困II―解決策を考える』岩波書店
子どもの貧困問題とは何かを知るための書籍として適している。新書であるため，読み易い。

［11］矢吹紀人（ルポ）・相野谷安孝（解説）（2003）『国保崩壊』あけび書房
保険証一枚あればどこでも医療にかかれる。日本は国民皆保険の国なので，医療にかかれない人はいない，というのは幻想である。保険料が払えず，医療にかかれない状況を記したものであり，今の医療保険制度を考えるために読んで欲しい。

［12］マイケル・ムーア（2007）"SiCKO（シッコ）"ギャガ・コミュニケーションズ
［12］はDVDであるが，ぜひ一度ご覧頂きたい。すべての国民を対象とした公的医療保険制度の仕組みがないアメリカ（今はオバマケアにより改善の兆しはあるとされるが）では医療のアクセスが制限されるという事態が起こっている。公的医療保険制度の重要性を感じさせる作品である。

参考文献

全体にわたって参考としたもの

小塩隆士（2013）『社会保障の経済学［第 4 版］』日本評論社

駒村康平・丸山桂・齋藤香里・永井攻治（2012）『最新社会保障の基本と仕組みがよ
　　　〜くわかる本［第 2 版］』秀和システム

はじめに

厚生労働省「社会保障給付費の推移」

　　　https://www.mhlw.go.jp/content/000651378.pdf

厚生労働省「社会保障の給付と負担の現状（2020年度予算ベース）」

　　　https://www.mhlw.go.jp/content/000651377.pdf

厚生労働省「人口動態統計」

　　　https://www.mhlw.go.jp/toukei/youran/indexyk_1_2.html

内閣府『令和元年版高齢社会白書』

　　　https://www8.cao.go.jp/kourei/whitepaper/w-2019/html/zenbun/index.html

公的年金制度

小黒一正（2010）『2020年，日本が破綻する日』日本経済新聞出版社

厚生労働省「いっしょに検証！公的年金」

　　　https://www.mhlw.go.jp/nenkinkenshou/index.html

厚生労働省「公的年金制度の概要」

　　　https://www.mhlw.go.jp/stf/seisakunitsuite/bunya/nenkin/nenkin/zaisei01/index.html

厚生労働省「国民年金及び厚生年金に係る財政の現況及び見通し—平成26年財政検証
　　　結果—」

　　　https://www.mhlw.go.jp/nenkinkenshou/report/pdf/h26_01.pdf

厚生労働省「国民年金被保険者実態調査」

　　　https://www.mhlw.go.jp/toukei/list/140-15.html

厚生労働省「各年版 厚生労働白書」

　　　https://www.mhlw.go.jp/toukei_hakusho/hakusho/index.html

厚生労働省「受給資格期間の短縮について」

　　　https://www.mhlw.go.jp/stf/shingi/2r9852000001ofqi-att/2r9852000001ofvn.pdf

厚生労働省「スウェーデンの年金制度概要」

https://www.mhlw.go.jp/topics/bukyoku/nenkin/nenkin/pdf/shogaikoku-sweden.pdf

厚生労働省「短時間労働者に対する被用者保険の適用拡大」

https://www.mhlw.go.jp/file/05-Shingikai-12601000-Seisakutoukatsukan-Sanjikanshitsu_Shakaihoshoutantou/0000058100.pdf

厚生労働省「年金制度改正法（令和2年法律第40号）が成立しました」

https://www.mhlw.go.jp/stf/seisakunitsuite/bunya/0000147284_00006.html

厚生労働省「被用者年金制度の一元化等を図るための厚生年金保険法等の一部を改正する法律」

https://www.mhlw.go.jp/seisakunitsuite/bunya/nenkin/nenkin/topics/2012/dl/0829_01_11.pdf

厚生労働省「平成29年度年金制度のポイント」

https://www.mhlw.go.jp/topics/bukyoku/nenkin/nenkin/pdf/seido-h29-point.pdf

厚生労働省「令和元年度の国民年金の加入・保険料納付状況について」

https://www.mhlw.go.jp/topics/bukyoku/nenkin/nenkin/toukei/dl/k_r01.pdf

国民年金基金「制度について知る」https://www.npfa.or.jp/system/

地方公務員共済年金制度研究会「共済年金は厚生年金に統一されます」

https://www.chikyosai.or.jp/info/pension/pdf/10.pdf

中尾幸村・中尾孝子（2012）『図解わかる年金 2012-2013年版』新星出版社

日本年金機構「遺族年金ガイド令和2年度版」

https://www.nenkin.go.jp/service/pamphlet/kyufu.files/LK03-3.pdf

日本年金機構「在職中の年金」

https://www.nenkin.go.jp/service/jukyu/roureinenkin/zaishoku/index.html

日本年金機構「知っておきたい年金のはなし」

https://www.nenkin.go.jp/service/pamphlet/seido-shikumi.files/0000000011_0000028374.pdf

日本年金機構「障害年金ガイド令和2年度版」

https://www.nenkin.go.jp/service/pamphlet/kyufu.files/LK03-2.pdf

日本年金機構「年金の制度・手続き」

https://www.nenkin.go.jp/service/index.html

日本年金機構「年金用語集」

https://www.nenkin.go.jp/service/yougo/index.html

日本年金機構「離婚時の年金分割」

　　https://www.nenkin.go.jp/service/jukyu/kyotsu/rikon/20140421-04.html

日本年金機構「老齢年金ガイド令和 2 年度版」

　　https://www.nenkin.go.jp/service/pamphlet/kyufu.files/LK03.pdf

年金積立金管理運用独立行政法人「管理・運用状況」

　　https://www.gpif.go.jp/operation/

年金積立金管理運用独立行政法人「年金積立金の運用とは」

　　https://www.gpif.go.jp/gpif/

畑農鋭矢・林正義・吉田浩（2015）『財政学をつかむ［新版］』有斐閣

レグランド塚口淑子編（2012）『「スウェーデン・モデル」は有効か—持続可能な社会
　　へ向けて』ノルディック出版

労働金庫連合会「企業年金」

　　http://www.rokinren.com/kigyonenkin-support/outline/index.html

公的医療保険制度

河口洋行（2016）『医療の経済学［第 3 版］』日本評論社

菊地敏夫監修・及川忠著（2012）『最新医療費の基本と仕組みがよ〜くわかる本［第
　　3 版］』秀和システム

健康保険組合連合会「医療保険制度の現状」

　　https://www.kenporen.com/health-insurance/m_state/

健康保険組合連合会「NHS改革と医療供給体制に関する調査研究報告書」

　　https://www.kenporen.com/include/outline/pdf/chosa23_02_kaigai.pdf

公益社団法人国民健康保険中央会「新たな国保制度の概要」

　　https://www.kokuho.or.jp/relation/system.html

厚生労働省「医療費の地域差分析」

　　https://www.mhlw.go.jp/stf/seisakunitsuite/bunya/kenkou_iryou/iryouhoken/
　　database/iryomap/index.html

厚生労働省「医療保障制度に関する国際関係資料について」

　　https://www.mhlw.go.jp/stf/seisakunitsuite/bunya/kenkou_iryou/iryouhoken/ir
　　youhoken11/index.html

厚生労働省「各年版海外情勢報告」

　　https://www.mhlw.go.jp/toukei_hakusho/hakusho/

厚生労働省関東信越厚生局「健康保険制度に関係するよくあるご質問Q&A（一般の

方向け）A」

https://kouseikyoku.mhlw.go.jp/kantoshinetsu/gyomu/bu_ka/hoken/ippan_ans
wer.html

厚生労働省「高額療養費制度を利用される皆さまへ」

https://www.mhlw.go.jp/stf/seisakunitsuite/bunya/kenkou_iryou/iryouhoken/
juuyou/kougakuiryou/index.html

厚生労働省「各年版厚生労働白書」

https://www.mhlw.go.jp/toukei_hakusho/hakusho/

厚生労働省「厚生統計要覧（令和元年度）」

https://www.mhlw.go.jp/toukei/youran/index-kousei.html

厚生労働省「後発医薬品（ジェネリック医薬品）の使用促進について」

https://www.mhlw.go.jp/stf/seisakunitsuite/bunya/kenkou_iryou/iryou/
kouhatu-iyaku/

厚生労働省「後発医薬品の使用割合の推移と目標」

https://www.mhlw.go.jp/file/06-Seisakujouhou-10800000-Iseikyoku/0000114903.
pdf

厚生労働省「国民医療費」

https://www.mhlw.go.jp/toukei/list/37-21.html

厚生労働省「国民健康保険実態調査」

https://www.e-stat.go.jp/stat-search/files?page=1&toukei=00450397&tstat=0000
01125095&cycle=8&tclass1=000001125099

厚生労働省「国民健康保険制度の概要」

https://www.mhlw.go.jp/file/06-Seisakujouhou-12400000-Hokenkyoku/kokumin_
nenpou01.pdf

厚生労働省「国民健康保険の保険料（税）の賦課（課税）限度額について」

https://www.mhlw.go.jp/content/12401000/000562176.pdf

厚生労働省「市町村国民健康保険における保険料の地域差分析」

https://www.mhlw.go.jp/stf/seisakunitsuite/bunya/kenkou_iryou/iryouhoken/
database/iryomap/hoken.html

厚生労働省「平成29年度国民健康保険（市町村）の財政状況について」

https://www.mhlw.go.jp/stf/newpage_04383.html

厚生労働省「我が国の医療保険について」

https://www.mhlw.go.jp/stf/seisakunitsuite/bunya/kenkou_iryou/iryouhoken/ir

youhoken01/index.html

神戸赤十字病院ホームページ「初診・再診時の選定療養費について」
　　http://www.kobe.jrc.or.jp/gairai/index.html

国税庁「No.1120　医療費を支払ったとき（医療費控除）」
　　https://www.nta.go.jp/taxes/shiraberu/taxanswer/shotoku/1120.htm

財務省「社会保障について②（医療）」
　　https://www.mof.go.jp/about_mof/councils/fiscal_system_council/sub-of_fiscal_
　　system/proceedings/material/zaiseia20191101/01.pdf

全国健康保険協会「協会けんぽについて」https://www.kyoukaikenpo.or.jp/

全国健康保険協会「健康保険ガイド」https://www.kyoukaikenpo.or.jp/g3/

武内和久・竹之下泰志（2009）『公平・無料・国営を貫く英国の医療改革』集英社新
　　書

出井信夫・参議院総務委員会調査室編（2008）『図説 地方財政データブック 平成20年
　　度版』学陽書房

鳥海和輝編著・岡本圭一郎漫画・田淵アントニオ漫画原作（2014）『マンガ誰でもわ
　　かる医療政策のしくみ vol.2』SCICUS

中尾幸村・中尾孝子（2012）『図解わかる年金』新星出版社

西宮市「保険料の算定方法」
　　https://www.nishi.or.jp/kurashi/kokuminkenkohoken/hokenryo/about_hokenr
　　yo/hokensantei.html

日本医師会「国民皆保険制度の歴史」
　　https://www.med.or.jp/people/info/kaifo/history/

日本年金機構「健康保険・船員保険の標準報酬月額の上限改定及び累計標準賞与額の
　　上限変更」
　　http://www.nenkin.go.jp/service/kounen/todokesho/kyokaikenpo/0208.html

日本年金機構健康保険組合「健康保険のしくみ」
　　https://www.nenkinkikou-kenpo.or.jp/shikumi/

山岡淳一郎（2011）『国民皆保険が危ない』平凡社

矢吹紀人ルポ・相野谷安孝解説（2003）『国保崩壊』あけび書房

吉田あつし（2009）『日本の医療のなにが問題か』NTT出版

OECD "OECD Health Statistics 2020"
　　http://www.oecd.org/els/health-systems/health-data.htm

公的介護保険制度

伊藤周平（2001）『介護保険を問いなおす』筑摩書房

沖藤典子（2010）『介護保険は老いを守るか』岩波書店

海津市「生活支援」https://www.city.kaizu.lg.jp/kurashi/0000001072.html

公益財団法人介護労働安定センター「平成30年度　介護労働実態調査結果について」
　　http://www.kaigo-center.or.jp/report/2019_chousa_01.html

公益社団法人成年後見センターリーガルサポートhttp://www.legal-support.or.jp/support

厚生労働省「お泊まりデイサービスへの対応（案）について」
　　https://www.mhlw.go.jp/file/05-Shingikai-12301000-Roukenkyoku-Soumuka/0000
　　052702.pdf

厚生労働省「介護分野の現状等について」
　　https://www.mhlw.go.jp/content/12602000/000489026.pdf

厚生労働省「介護保険制度をめぐる状況について」
　　https://www.mhlw.go.jp/content/12601000/000482328.pdf

厚生労働省「介護保険の解説」　https://www.kaigokensaku.mhlw.go.jp/commentary
　　/about.html

厚生労働省「介護予防・日常生活支援総合事業の基本的な考え方」
　　https://www.mhlw.go.jp/file/06-Seisakujouhou-12300000-Roukenkyoku/00001929
　　96.pdf

厚生労働省「介護老人福祉施設（参考資料）」
　　https://www.mhlw.go.jp/file/05-Shingikai-12601000-Seisakutoukatsukan-Sanjikan
　　shitsu_Shakaihoshoutantou/0000171814.pdf

厚生労働省「介護労働の現状」
　　https://www.mhlw.go.jp/file/05-Shingikai-12602000-Seisakutoukatsukan-Sanjikan
　　shitsu_Roudouseisakutantou/0000071241.pdf

厚生労働省「公的介護保険制度の現状と今後の役割」
　　https://www.mhlw.go.jp/content/0000213177.pdf

厚生労働省「財政安定化基金の基本的仕組みについて」
　　https://www.mhlw.go.jp/shingi/2004/03/s0309-6n.html

厚生労働省「高齢者向け住まいについて」
　　https://www.mhlw.go.jp/file/05-Shingikai-12601000-Seisakutoukatsukan-Sanjikan
　　shitsu_Shakaihoshoutantou/0000048000.pdf

厚生労働省「第 7 期計画期間における介護保険の第 1 号保険料及びサービス見込み量
　　等について」https://www.mhlw.go.jp/stf/houdou/0000207410.html

厚生労働省「地域区分について」
　　https://www.mhlw.go.jp/content/12300000/000566688.pdf

厚生労働省「調整交付金の仕組み」
　　https://www.mhlw.go.jp/shingi/2004/03/s0309-6l.html

厚生労働省「月々の負担の上限（高額介護サービス費の基準）が変わります」
　　https://www.mhlw.go.jp/content/000334526.pdf

厚生労働省「認知症の人の将来推計について」
　　https://www.mhlw.go.jp/content/000524702.pdf

厚生労働省「福祉人材の確保について」
　　https://www.mhlw.go.jp/file/05-Shingikai-12201000-Shakaiengokyokushougaihok
　　enfukushibu-Kikakuka/0000037804_1.pdf

厚生労働省「平成26年（2014年）介護保険法改正」
　　http://www.mhlw.go.jp/file/06-Seisakujouhou-12300000-Roukenkyoku/k2014.pdf

厚生労働省「平成27年度介護報酬改定について」
　　https://www.mhlw.go.jp/stf/seisakunitsuite/bunya/0000080101.html

厚生労働省「令和元年国民生活基礎調査」
　　https://www.mhlw.go.jp/toukei/list/20-21kekka.html

全国健康保険協会「協会けんぽの介護保険料率について」
　　https://www.kyoukaikenpo.or.jp/g3/cat330/1995-298/

総務省統計局「平成29年就業構造基本調査」
　　https://www.e-stat.go.jp/stat-search/files?page=1&layout=datalist&toukei=0020
　　0532&tstat=000001107875&tclass1=000001116995

高室成幸（2011）『最新 介護保険の基本と仕組みがよ〜くわかる本［第 3 版］』秀和
　　システム

津市「介護予防・日常生活支援総合事業について」
　　https://www.info.city.tsu.mie.jp/www/sp/contents/1477734242821/index.html

内閣府「各年版高齢社会白書」
　　https://www8.cao.go.jp/kourei/whitepaper/index-w.html

西宮市「居宅サービスは一ヵ月に利用できる上限が決まっています」
　　https://www.nishi.or.jp/kurashi/kaigohoken/kaigo/service/kyotakujogen.html

日本経済新聞2014/4/24「二審も家族に賠償命令　認知症徘徊電車訴訟で名古屋高裁」

二宮利治・清原裕・小原知之・米本孝二（2014）「日本における認知症の高齢者人口の将来推計に関する研究」厚生労働科学研究成果データベース
　　https://mhlw-grants.niph.go.jp/niph/search/NIDD00.do?resrchNum=201405037A
兵庫県「認知症カフェについて」
　　https://web.pref.hyogo.lg.jp/kf29/nintisyocafe.html
法務省「成年後見制度〜成年後見登記制度〜」
　　http://www.moj.go.jp/MINJI/minji17.html#a2
三井住友信託銀行「後見制度支援信託」
　　https://www.smtb.jp/personal/entrustment/management/guardianship/
山井和則・上田理人（2009）『図解 介護保険のすべて［第3版］』東洋経済新報社
結城康博（2008）『介護—現場からの検証』岩波書店
LIFULL介護「サービス付き高齢者向け住宅とは？」
　　https://kaigo.homes.co.jp/manual/facilities_comment/list/house/service/
LIFULL介護「特別養護老人ホーム（特養）の費用・負担を軽くするには」
　　https://kaigo.homes.co.jp/manual/facilities_comment/list/hoken/tokuyo/cost/
LIFULL介護「老人ホームの費用相場」
　　https://kaigo.homes.co.jp/market_price/
SUUMO「「シニア・介護」に関する用語一覧」
　　https://suumo.jp/yougo/category/senior/

生活保護制度

阿部彩・大石亜希子（2005）「母子世帯の経済状況と社会保障」国立社会保障・人口問題研究所編『子育て世帯の社会保障』東京大学出版会
阿部彩・國枝繁樹・鈴木亘・林正義（2008）『生活保護の経済分析』東京大学出版会
厚生労働省「医療扶助実態調査」
　　https://www.mhlw.go.jp/toukei/list/67-16.html
厚生労働省「各年版海外情勢報告」
　　https://www.mhlw.go.jp/toukei_hakusho/hakusho/
厚生労働省「各年版厚生労働白書」
　　https://www.mhlw.go.jp/toukei_hakusho/hakusho/
厚生労働省「最低賃金制度の概要」
　　https://www.mhlw.go.jp/www2/topics/seido/kijunkyoku/minimum/minimum-09.htm

厚生労働省「社会・援護局関係主管課長会議資料」

　　http://www.mhlw.go.jp/file/06-Seisakujouhou-12000000-Shakaiengokyoku-Shakai

　　/0000077381.pdf

厚生労働省「就労・自立インセンティブの強化を踏まえた勤労控除等の見直し効果の

　　検証」

　　https://www.mhlw.go.jp/file/05-Shingikai-12601000-Seisakutoukatsukan-Sanjikan

　　shitsu_Shakaihoshoutantou/kijun02_3.pdf

厚生労働省「諸外国における公的扶助の概要②」

　　https://www.mhlw.go.jp/content/12002000/000552287.pdf

厚生労働省「生活困窮者自立支援制度」

　　https://www.mhlw.go.jp/stf/seisakunitsuite/bunya/0000059425.html

厚生労働省「生活保護受給者の就職支援」

　　https://www.mhlw.go.jp/file/06-Seisakujouhou-11600000-Shokugyouanteikyoku/

　　0000067865.pdf

厚生労働省「生活保護制度」

　　https://www.mhlw.go.jp/stf/seisakunitsuite/bunya/hukushi_kaigo/seikatsuho

　　go/seikatuhogo/index.html

厚生労働省「生活保護制度における勤労控除等について」

　　https://www.mhlw.go.jp/stf/shingi/2r9852000001ifbg-att/2r9852000001ifii.pdf

厚生労働省「生活保護制度の概要等について」

　　https://www.mhlw.go.jp/content/12002000/000488808.pdf

厚生労働省「生活保護法改正法の概要」

　　https://www.mhlw.go.jp/seisakunitsuite/bunya/hukushi_kaigo/seikatsuhogo/to

　　pics/dl/tp131218-05.pdf

厚生労働省「被保護者調査」

　　https://www.mhlw.go.jp/toukei/list/74-16.html

厚生労働省「令和元年度の国民年金の加入・保険料納付状況」

　　https://www.mhlw.go.jp/topics/bukyoku/nenkin/nenkin/toukei/dl/k_r01.pdf

厚生労働省大阪労働局「生活保護受給者等に対する就労支援の取組について」

　　https://jsite.mhlw.go.jp/osaka-roudoukyoku/library/osaka-roudoukyoku/H26/tei

　　rei/2603-TP2.pdf

杉村宏・岡部卓・布川日佐史（2008）『よくわかる公的扶助─低所得者支援と生活保

　　護制度』ミネルヴァ書房

総務省「生活保護に関する実態調査結果報告書」

   https://www.soumu.go.jp/main_content/000305409.pdf

橘木俊詔・浦川邦夫（2006）『日本の貧困研究』東京大学出版会

独立行政法人労働政策研究・研修機構「各年版データブック国際労働比較」

   https://www.jil.go.jp/kokunai/statistics/databook/index.html

日本経済新聞2012/9/12「生活保護費，国が手当のはずが…大阪市，3年で536億円負担　交付税が不足　構造問題浮き彫り」

日本経済新聞2014/7/29「最低賃金16円上げ　生活保護との逆転現象解消」

藤藪貴治・尾藤廣喜（2007）『生活保護「ヤミの北九州方式」を糾す』あけび書房

文部科学省「高等学校等就学支援金制度」

   https://www.mext.go.jp/a_menu/shotou/mushouka/1342674.htm

OECD Data https://data.oecd.org/

雇用保険制度

厚生労働省「育児・介護休業法のあらまし」

   https://www.mhlw.go.jp/stf/seisakunitsuite/bunya/000103504.html

厚生労働省「Q&A ～事業主の皆様へ～」

   https://www.mhlw.go.jp/stf/seisakunitsuite/bunya/0000140565.html

厚生労働省「教育訓練給付について」

   https://www.mhlw.go.jp/content/12602000/000361791.pdf

厚生労働省「高年齢者雇用安定法の改正～「継続雇用制度」の対象者を労使協定で限定できる仕組みの廃止～」

   https://www.mhlw.go.jp/seisakunitsuite/bunya/koyou_roudou/koyou/koureisha/topics/tp120903-1.html

厚生労働省「高年齢者の雇用」

   https://www.mhlw.go.jp/stf/seisakunitsuite/bunya/koyou_roudou/koyou/jigyounushi/page09.html

厚生労働省「雇用保険事務手続きの手引き」

   https://www.mhlw.go.jp/stf/seisakunitsuite/bunya/0000131698.html

厚生労働省「雇用保険の基本手当（失業給付）を受給される皆さまへ」

   https://www.mhlw.go.jp/content/000489683.pdf

厚生労働省「雇用保険に加入していますか」

   https://www.mhlw.go.jp/bunya/koyou/koyouhoken/pdf/roudousha01.pdf

厚生労働省「労災保険給付の概要」
　　https://www.mhlw.go.jp/new-info/kobetu/roudou/gyousei/rousai/dl/040325-12.
　　pdf
厚生労働省「労災保険のメリット制について」
　　https://www.mhlw.go.jp/bunya/roudoukijun/roudouhokenpoint/dl/rousaimerit.
　　pdf
厚生労働省大阪労働局「不正受給について（事例等）」
　　https://jsite.mhlw.go.jp/osaka-roudoukyoku/hourei_seido_tetsuzuki/koyou_hok
　　en/hourei_seido/situgyo/minasama/fusei.html
総務省統計局「労働力調査」https://www.stat.go.jp/data/roudou/index.html
総務省統計局「労働力調査の結果を見る際のポイントNo.11」
　　https://www.stat.go.jp/data/roudou/pdf/point11.pdf
ハローワーク「雇用保険制度の概要」
　　https://www.hellowork.mhlw.go.jp/insurance/insurance_summary.html
Boeri Tito and van Ours Jan（2013）"The Economics of Imperfect Labor Markets
　　Second Edition," Princeton
OECD Statistics http://stats.oecd.org/

育児支援制度

赤石千衣子（2014）『ひとり親家庭』岩波書店
朝日新聞「待機児童問題「見える化」プロジェクト」
　　http://www.asahi.com/special/taikijido/
阿部彩（2014）『子どもの貧困Ⅱ—解決策を考える』岩波書店
一般財団法人全国母子寡婦福祉団体協議会　http://zenbo.org/
猪熊弘子（2014）『「子育て」という政治—少子化なのになぜ待機児童が生まれるの
　　か?』角川書店
NPO法人家庭的保育全国連絡協議会「家庭的保育の今，そして可能性—もっと知っ
　　てほしい」http://www.familyhoiku.org/about/
大阪市「平成25年度 認可保育所設置・運営法人について（案）」
　　http://www.city.osaka.lg.jp/templates/chonaikaigi/cmsfiles/conten
　　ts/0000226/226816/2-3.pdf
小倉一哉（2013）『「正社員」の研究』日本経済新聞出版社
公益財団法人東京都福祉保健財団「認証保育所制度について」

226

http://www.fukunavi.or.jp/fukunavi/contents/tokushu/ninsyo/ninsyo_02.html

厚生労働省「育児休業，介護休業等育児又は家族介護を行う労働者の福祉に関する法律及び雇用保険法の一部を改正する法律の概要」

https://www.mhlw.go.jp/seisakunitsuite/bunya/kodomo/shokuba_kosodate/dl/psbbwflj.pdf

厚生労働省「育児・介護休業法について」

https://www.mhlw.go.jp/stf/seisakunitsuite/bunya/0000130583.html

厚生労働省「育児休業や介護休業をすることができる期間雇用者について」

https://www.mhlw.go.jp/general/seido/koyou/ryouritu/pamph/dl/05.pdf

厚生労働省「育児休業を取るときは」

https://www.mhlw.go.jp/file/06-Seisakujouhou-11900000-Koyoukintoujidoukateikyoku/0000174127.pdf

厚生労働省「各年版厚生労働白書」

https://www.mhlw.go.jp/toukei_hakusho/hakusho/index.html

厚生労働省「各年版人口動態調査」

https://www.mhlw.go.jp/toukei/list/81-1a.html

厚生労働省「児童扶養手当について」

https://www.mhlw.go.jp/bunya/kodomo/osirase/100526-1.html

厚生労働省「男性の育児休業の取得状況と取得促進のための取組について」

https://www8.cao.go.jp/shoushi/shoushika/meeting/consortium/04/pdf/houkoku-2.pdf

厚生労働省「ひとり親家庭の支援について」

https://www.mhlw.go.jp/bunya/kodomo/pdf/shien.pdf

厚生労働省「平成23年4月以降の出産育児一時金制度について」

https://www.mhlw.go.jp/bunya/iryouhoken/iryouhoken09/dl/07-1_02.pdf

厚生労働省「平成29年度 認可外保育施設の現況取りまとめ」

https://www.mhlw.go.jp/content/11907000/000522194.pdf

厚生労働省「保育所等関連状況取りまとめ（平成31年4月1日）」

https://www.mhlw.go.jp/content/11907000/000544879.pdf

厚生労働省「令和元年賃金構造基本統計調査」

https://www.mhlw.go.jp/toukei/itiran/roudou/chingin/kouzou/z2019/index.html

小林美希（2015）『ルポ保育崩壊』岩波書店

近藤幹生（2014）『保育とは何か』岩波書店

齋藤千尋・榎孝浩（2015）「諸外国における大学の授業料と奨学金」国立国会図書館
　　調査と情報—ISSUE BRIEF— NUMBER 869（2015. 7. 9.）

社会福祉法人全国社会福祉協議会全国児童養護施設協議会
　　http://www.zenyokyo.gr.jp/index.htm

社会福祉法人日本保育協会ホームページ
　　https://www.nippo.or.jp/

全国健康保険協会（協会けんぽ）「出産手当金について」
　　https://www.kyoukaikenpo.or.jp/g6/cat620/r311

高橋美恵子（2018）「スウェーデンにおける仕事と育児の両立支援施策の現状
—整備された労働環境と育児休業制度」独立行政法人労働政策研究・研修機構
　　https://www.jil.go.jp/foreign/labor_system/2018/12/sweden.html

東京医師国民健康保険組合「出産育児給付金」
　　https://www.tokyo-ishikokuho.or.jp/hoken_kyufu/shussan.html

東京都福祉保健局「東京都における児童養護施設等退所者へのアンケート調査報告書」
　　https://www.fukushihoken.metro.tokyo.lg.jp/joho/soshiki/syoushi/ikusei/oshira
　　se/H27taisyosyatyousa.files/H22taisyosyatyousa.pdf

東京都福祉保健局「認可外保育施設（ベビーホテル・その他）一覧の公開と利用する
　　際の留意点　」
　　http://www.fukushihoken.metro.tokyo.jp/kodomo/hoiku/ninkagai/babyichiran_
　　koukai.html

独立行政法人日本学生支援機構「JASSO概要2020」
　　https://www.jasso.go.jp/sp/about/organization/__icsFiles/afieldfile/2020/06/
　　05/2020_gaiyou-a4_0605s.pdf

独立行政法人労働政策研究・研修機構「早わかりグラフでみる長期労働統計」
　　https://www.jil.go.jp/kokunai/statistics/timeseries/index.html

内閣府「確認制度について（定員の考え方を中心に）」
　　https://www8.cao.go.jp/shoushi/shinseido/meeting/kodomo_kosodate/k_8/pdf/
　　s3.pdf

内閣府「各年版少子化社会対策白書」
　　https://www8.cao.go.jp/shoushi/shoushika/whitepaper/index.html

内閣府「子供が，未来をつくるから。幼児教育・保育の無償化はじまります。」
　　https://www.youhomushouka.go.jp/

内閣府「子ども・子育て支援新制度について」
　　https://www8.cao.go.jp/shoushi/shinseido/outline/pdf/setsumei.pdf
内閣府「子ども・子育て支援新制度ハンドブック」
　　https://www8.cao.go.jp/shoushi/shinseido/faq/pdf/jigyousya/handbook.pdf
内閣府「第3回選択する未来2.0　配付資料2　参考資料」
　　https://www5.cao.go.jp/keizai2/keizai-syakai/future2/20200330/shiryou2_1.pdf
内閣府「児童手当制度の概要」
　　https://www8.cao.go.jp/shoushi/jidouteate/gaiyou.html
内閣府「平成15年度 経済財政白書」
　　https://www5.cao.go.jp/j-j/wp/wp-je03/03.html
内閣府「平成29年教育・保育施設等における事故報告集計」
　　https://www8.cao.go.jp/shoushi/shinseido/outline/pdf/h29-jiko_taisaku.pdf
内閣府「保育の現状」
　　https://www8.cao.go.jp/kisei-kaikaku/kaigi/meeting/2013/committee/130321/
　　item7.pdf
内閣府「令和元年版男女共同参画白書」
　　https://www.gender.go.jp/about_danjo/whitepaper/r01/zentai/index.html
内閣府「Ⅴ．保育の必要性の認定・確認制度」
　　https://www8.cao.go.jp/shoushi/shinseido/outline/pdf/setsumei5.pdf
西宮市「令和2年度子どものための教育・保育給付にかかる利用者負担額表（2号認
　　定・3号認定）」
　　https://www.nishi.or.jp/kosodate/hoikujo/hoikujo/riyofutan/h29riyofutan.files/
　　hoikuryouhyou.pdf
日本経済新聞2013/9/24「独身女性，3人に1人が専業主婦希望　厚労省調査」
日本経済新聞2014/6/7「認可保育所，経費負担は？保護者半額，公費上積みも」
ノムコム「教育にかかる費用」
　　https://www.nomu.com/loan/lifeplan/k_education_01.html
ハローワーク「雇用継続給付」
　　https://www.hellowork.mhlw.go.jp/insurance/insurance_continue.html
松田茂樹（2006）「男性の育児休業取得はなぜ進まないか—求められる日本男性の
　　ニーズに合った制度への変更—」Life Design Report 2006.11-12
　　http://group.dai-ichi-life.co.jp/dlri/ldi/watching/wt0611a.pdf
水無田気流（2014）『シングルマザーの貧困』光文社

文部科学省「いわゆる「幼稚園と保育所の一元化」について」

　　https://www8.cao.go.jp/kisei/giji/03/wg/action/05/2.pdf

文部科学省「高等教育の修学支援新制度」

　　https://www.mext.go.jp/a_menu/koutou/hutankeigen/index.htm

文部科学省「私立高校授業料実質無償化がスタート！」

　　https://www.mext.go.jp/a_menu/shotou/mushouka/20200715-mxt_kouhou02_1.
　　pdf

文部科学省「幼稚園ってなぁに　〜学校教育のはじまり〜」

　　https://www.mext.go.jp/a_menu/shotou/youchien/1218094.htm

OECD "Education at a Glance"

　　https://www.oecd.org/education/education-at-a-glance_19991487

OECD Social Expenditure Update（January 2019）

　　http://www.oecd.org/els/soc/OECD2019-Social-Expenditure-Update.pdf

障害者福祉政策

伊藤修毅（2013）『障害者の就労と福祉的支援―日本における保護雇用のあり方と可
　　能性』かもがわ出版

公益財団法人ヤマト福祉財団「スワンベーカリー事業」

　　http://www.yamato-fukushi.jp/works/swan/

厚生労働省「児童扶養手当について」

　　https://www.mhlw.go.jp/bunya/kodomo/osirase/100526-1.html

厚生労働省「就労移行支援事業」

　　https://www.mhlw.go.jp/bunya/shougaihoken/shingikai01/pdf/5-2i.pdf

厚生労働省「障害者雇用率制度」

　　https://www.mhlw.go.jp/stf/seisakunitsuite/bunya/koyou_roudou/koyou/shoug
　　aisha/04.html

厚生労働省「障害者総合支援法における就労系障害福祉サービス」

　　https://www.mhlw.go.jp/content/12200000/000571840.pdf

厚生労働省「障害者トライアルコース・障害者短時間トライアルコース」

　　https://www.mhlw.go.jp/stf/seisakunitsuite/bunya/koyou_roudou/koyou/kyufu
　　kin/shougai_trial.html

厚生労働省「障害者の雇用の促進等に関する法律の一部を改正する法律の概要」

　　https://www.mhlw.go.jp/bunya/koyou/shougaisha_h25/dl/kaisei02.pdf

厚生労働省「障害者の就労支援対策の状況」

　　https://www.mhlw.go.jp/stf/seisakunitsuite/bunya/hukushi_kaigo/shougaishah

　　ukushi/service/shurou.html

厚生労働省「障害者の範囲」

　　https://www.mhlw.go.jp/shingi/2008/10/dl/s1031-10e_0001.pdf

厚生労働省「障害者福祉施設における就労支援の概要」

　　https://www.mhlw.go.jp/file/05-Shingikai-11801000-Shokugyounouryokukaihatsu

　　kyoku-Soumuka/0000032713.pdf

厚生労働省「障害児福祉手当について」

　　https://www.mhlw.go.jp/bunya/shougaihoken/jidou/hukushi.html

厚生労働省「知的障害児（者）基礎調査」

　　https://www.mhlw.go.jp/toukei/list/101-1.html

厚生労働省「統合失調症」

　　https://www.mhlw.go.jp/kokoro/speciality/detail_into.html

厚生労働省「特別児童扶養手当について」

　　https://www.mhlw.go.jp/bunya/shougaihoken/jidou/huyou.html

厚生労働省「特別障害者手当について」

　　https://www.mhlw.go.jp/bunya/shougaihoken/jidou/tokubetsu.html

厚生労働省「平成30年４月１日から障害者雇用義務の対象に精神障害者が加わりまし

　　た」

　　https://www.mhlw.go.jp/file/06-Seisakujouhou-11600000-Shokugyouanteikyoku/

　　0000192637.pdf

厚生労働省「平成30年版厚生労働白書」

　　https://www.mhlw.go.jp/stf/wp/hakusyo/kousei/18/index.html

厚生労働省「令和元年障害者雇用状況の集計結果」

　　https://www.mhlw.go.jp/stf/newpage_08594.html

国税庁「障害者と税」

　　https://www.nta.go.jp/publication/pamph/koho/kurashi/html/03_2.htm

佐藤久夫・小澤温（2013）『障害者福祉の世界［第４版補訂版］』有斐閣

新宿区立障害者福祉センター

　　http://shinjyuku-fukushi-center.org/workshop/

全国社会福祉協議会「障害福祉サービスの利用について」

　　https://www.shakyo.or.jp/news/pamphlet_201804.pdf

独立行政法人高齢・障害・求職者雇用支援機構「障害者雇用納付金制度の概要」
　　https://www.jeed.or.jp/disability/about_levy_grant_system.html
独立行政法人国立特別支援教育総合研究所「資料編　支援体制の構築と支援の実現の
　　ための資料」
　　https://www.nise.go.jp/kenshuka/josa/kankobutsu/pub_c/c-59/c-59_04.pdf
内閣府「各年版障害者白書」
　　https://www8.cao.go.jp/shougai/whitepaper/index-w.html
中島隆信（2011）『障害者の経済学［増補改訂版］』東洋経済新報社
西宮市「障害のある人の福祉」
　　https://www.nishi.or.jp/kenko/fukushi/index.html
法務省「成年後見制度～成年後見登記制度～」
　　http://www.moj.go.jp/MINJI/minji17.html#a1
福祉行政法令研究会（2013）『障害者総合支援法がよーくわかる本［第2版］』秀和シ
　　ステム
文部科学省「特別支援教育について」
　　http://www.mext.go.jp/a_menu/shotou/tokubetu/001.htm

所得格差の指標

井堀利宏（2013）『財政学［第4版］』新世社
大竹文雄（2005）『日本の不平等―格差社会の幻想と未来』日本経済新聞出版社
小塩隆士（2016）『コア・テキスト財政学［第2版］』新世社
厚生労働省「各年版所得再分配調査」
　　https://www.mhlw.go.jp/toukei/list/96-1.html
厚生労働省「国民生活基礎調査」
　　https://www.mhlw.go.jp/toukei/list/20-21.html
総務省統計局「家計調査」https://www.stat.go.jp/data/kakei/index.html
総務省統計局「2019年全国家計構造調査」
　　https://www.stat.go.jp/data/zenkokukakei/2019/index.html
総務省統計局「労働力調査」https://www.stat.go.jp/data/roudou/index.html
橘木俊詔（2006）『格差社会―何が問題なのか』岩波書店
高山憲之・斎藤修（2006）『少子化の経済分析』東洋経済新報社
東京都福祉保健局「東京都における児童養護施設等退所者へのアンケート調査報告書」
　　https://www.fukushihoken.metro.tokyo.lg.jp/joho/soshiki/syoushi/ikusei/oshira

se/H27taisyosyatyousa.files/H22taisyosyatyousa.pdf

独立行政法人労働政策研究・研修機構「所得の不平等度指数」
　　http://www.jil.go.jp/kokunai/statistics/kako/2012/documents/18_p221-225.pdf

独立行政法人労働政策研究・研修機構「母子世帯の貧困率は5割超え，13%が「ディ
　　ープ・プア」世帯「第5回（2018）子育て世帯全国調査」結果速報」
　　https://www.jil.go.jp/press/documents/20191017.pdf

独立行政法人労働政策研究・研修機構「ユースフル労働統計2019—労働統計加工指標
　　集—」https://www.jil.go.jp/kokunai/statistics/kako/2019/index.html

内閣府「子供の貧困に関する新たな指標の開発に向けた調査研究 報告書」
　　https://www8.cao.go.jp/kodomonohinkon/chousa/h28_kaihatsu/index.html

内閣府「相対的貧困率等に関する調査・分析結果について」
　　https://www5.cao.go.jp/keizai3/kakusa/20151218kakusa.pdf

吉野維一郎（2017）『図説 日本の税制 平成29年度版』財経詳報社

OECD Data "Income inequality"
　　https://data.oecd.org/inequality/income-inequality.htm

OECD Data "Poverty Rate"
　　https://data.oecd.org/inequality/poverty-rate.htm#indicator-chart

財源調達の経済分析

小塩隆士（2016）『コア・テキスト財政学［第2版］』新世社

鎌倉 治子（2010）「諸外国の給付付き税額控除の概要」国立国会図書館　調査と情報
　　—ISSUE BRIEF— No.678　pp.1-12.
　　https://dl.ndl.go.jp/view/download/digidepo_3050381_po_0678.pdf?contentNo=1

小宮敦史（2020）『図説 日本の財政　令和元年度版』財経詳報社

財務省「国債とは」https://www.mof.go.jp/jgbs/summary/kokusai.html

財務省「債務管理リポート2020」
　　https://www.mof.go.jp/jgbs/publication/debt_management_report/2020/index.
　　html

財務省「消費税，酒税など（消費課税）」
　　https://www.mof.go.jp/tax_policy/summary/consumption/index.htm

財務省「消費税など（消費課税）に関する資料」
　　https://www.mof.go.jp/tax_policy/summary/itn_comparison/j04.htm

財務省「税収に関する資料」

https://www.mof.go.jp/tax_policy/summary/condition/a03.htm

財務省「日本の財政関係資料」

https://www.mof.go.jp/budget/fiscal_condition/related_data/index.html

政府広報オンライン「事業者のみなさまへお知らせ」

https://www.gov-online.go.jp/cam/shouhizei/jigyousya/

日本商工会議所「「中小企業における消費税の価格転嫁等に関する実態調査」調査結果について」

https://www.jcci.or.jp/news/jcci-news/2019/0805150000.html

索　引

〈著者紹介〉

安岡　匡也（やすおか　まさや）

1978年愛知県生まれ。2001年名古屋市立大学経済学部卒業。2006年神戸大学大学院経済学研究科博士後期課程修了（博士（経済学））。北九州市立大学経済学部准教授，関西学院大学経済学部准教授を経て，現在関西学院大学経済学部教授。
主な著作として，『少子高齢社会における社会政策のあり方を考える』（2018年，単著，関西学院大学出版会），『歴史と理論で考える日本の経済政策』（2020年，分担執筆，中央経済社），"Change in the Transition of the Fertility Rate"（Economics Letters，2010年，共著，Elsevier），"Subsidies for elderly care with a pay-as-you-go pension"（Journal of the Economics of Ageing，2020年，単著，Elsevier）などがある。

経済学で考える社会保障制度（第2版）

2017年 1月10日	第1版第1刷発行
2020年 6月 5日	第1版第5刷発行
2021年 3月20日	第2版第1刷発行
2023年10月20日	第2版第4刷発行

著　者　安　岡　匡　也

発行者　山　本　　　継

発行所　㈱中　央　経　済　社

発売元　㈱中央経済グループ
　　　　パブリッシング

〒101-0051　東京都千代田区神田神保町1-35
電　話　03（3293）3371（編集代表）
　　　　03（3293）3381（営業代表）
https://www.chuokeizai.co.jp

印刷／三英グラフィック・アーツ㈱
製本／㈲井上製本所

© 2021
Printed in Japan